不登校・ひきこもりの9割は治せる

1万人を立ち直らせてきた3つのステップ

杉浦孝宣

光文社新書

はじめに

２０１９年５月、令和に元号が変わり、新しい時代の幕開けに日本中が希望に満ちていた矢先、「ひきこもり」が関連した事件が次々と起こり、列島に大きな衝撃が走りました。

５月28日午前７時40分ごろ、神奈川県川崎市登戸《のぼりと》駅近くでスクールバスを待っていた私立カリタス小学校の児童らが、ひきこもりだった男（51歳）に刃物で襲われ、２人が死亡、18人が重軽傷を負うという凄惨《せいさん》な事件が起きたのです。

それから４日後の６月１日、今度は元農林水産省事務次官の父親が、ひきこもりだった無職の長男（44歳）を練馬区の自宅で刺し殺すという事件が起きました。逮捕された父親は「川崎の事件のことが頭にあり、長男も人に危害を加えるのではないかと不安に思った」という供述をしています。

この原稿を作成している段階では、まだ事件の詳細まで解明されていませんが、このふたつの事件がきっかけとなり、ひきこもり問題がマスコミに大きくクローズアップされるようになりました。

私は30年以上にわたってひきこもりや不登校の子どもたちを指導しており、これは非常に深刻な問題で、すぐに解決に向けて行動しなければならない問題だと指摘してきました。しかし、多くの不登校・ひきこもりの指導現場では、「いずれ学校に行くようになる」「無理に刺激しないで、本人の好きなようにさせておいたほうがいい」といった楽観的な見方が大勢を占めています。ですが、これらの事件でようやく世間も放っておいてはいけない問題だと気づいたのではないでしょうか。

これらの事件にあたって、菅義偉《すがよしひで》官房長官が「ひきこもりと事件を安易に結びつけることは慎重であるべき」と、根本匠《たくみ》厚生労働相が「安易にひきこもりなどと結びつけるのは慎むべき」と発言していますが、ひきこもり問題の当事者や親を刺激しないように、世間全体が遠慮しすぎている雰囲気があると感じています。

何事も、「そっとしておきましょう」という方が楽なのです。けれども問題を先延ばしにしていては、いつまでも解決できないのではないでしょうか。

ひきこもり問題が事件の重要な側面であったことは確かです。特に、元事務次官の事件では殺された長男が中学生のときから家庭内暴力を起こしていました。こうした問題を解決しようとせずに先延ばしにしてきた責任が、保護者にはあると考えます。

ひきこもりで家庭内暴力もある場合、いずれは何らかの事件が起こってもおかしくないと思っています。きっと多くの人もそう感じるのではないでしょうか。

しかしそれは、やり方によっては、20歳くらいまでの早いうちに解決できた可能性もあったはずなのです。実際、私が指導してきた不登校・ひきこもりの子どもたちのなかでも、家庭内暴力を振るっていた子はたくさんいます。特に男の子は家庭内暴力をしたことがある子がほとんどです。それでも、様子を見て問題を先延ばしにするのではなく、解決に向けてなるべく早く指導を開始していくことで、立ち直っていきます。

つい最近も、部屋に包丁を持って立て籠もった18歳の生徒がいました。お父さんから緊急の電話が来て、慌ててスタッフが駆けつけました。私たちは生徒と非常に深い信頼関係を築いて指導していますから、スタッフが行くと、「ああ、すみません」とすぐに包丁を置いてくれました。もし、このときお父さんが誤った対応をしていたら、事件が起こってもおかしくなかったと思います。

川崎と練馬の事件の詳細が少しずつ明らかになるにつれ、ひきこもりが長期化する前の20歳くらいまでの間に解決するための対策をとることができたのではないかと感じています。


これまでひきこもりは若者特有の問題として捉えられ、15歳から39歳までを対象にした調査しか行われてきませんでした。しかし、介護問題がきっかけとなり、高齢になった80代の親が50代のひきこもりの子どもを抱えて困窮する８０５０《はちまるごーまる》問題が全国で発覚しました。川崎の事件でも、犯人の男と同居する伯父と伯母が80代になって介護サービスを受けるにあたり、男のことを行政に相談しています。

このように８０５０問題で中高年のひきこもりが多く存在することが明らかになり、内閣府でもようやく40歳から64歳までの中高年を対象にした調査を２０１８年12月に初めて行いました。２０１９年３月には、その調査結果を発表していて、中高年のひきこもりは、15歳から39歳までのひきこもりの54万人よりも多い、61万人もいることがわかったのです。

ひきこもりが長期化、高齢化しているということは、これまでのひきこもり対策には大した効果がなかったことを意味しています。10年後、20年後には、さらにひきこもりが高齢化して、ひきこもりの生活基盤であった親の世代が亡くなると、社会は大混乱に陥ることも予想されます。

ひきこもりを救う方法はないのでしょうか。

そのヒントが、30年以上不登校とひきこもりの指導をしてきた私の経験にあります。

わかりやすい例が、私が代表を務める高卒支援会のスタッフのユウキくんです。

2018年8月、東京都議会の文教委員会委員長（当時）の里吉ゆみ議員に、陳情書を手渡すユウキくん（当時17歳）の姿がありました。都議会議員、区議会議員、マスコミや関係者が見守る中、ハキハキと陳情書を読み上げ、手渡した姿に、私は感動を禁じえませんでした。

この陳情書は、不登校からひきこもりになった当事者であるユウキくんが、ひきこもりを克服して社会復帰していくにあたり、金銭的な事情で通信制高校サポート校への編入学を断念せざるをえなかったという経験をふまえ、サポート校も高校授業料無償化の対象にしてほしいと、東京都議会に対して訴えたものです（サポート校については第3章で詳しく説明します）。

ユウキくんは大変頭がよく、高い学力を必要とする高校へ入学したものの、夏休み明けから登校できなくなり、1年間ひきこもった経験があります。精神科に入院した時期もあり、昼夜逆転し、誰ともしゃべらない生活が続いていました。スタッフが最初に会った時は、まるでゾンビのようでした。うつむきがちで目も合わせず、何を聞いてもしゃべらず、生きる気力が全く感じられなかったのです。

それがどうでしょう、目は生き生きと輝き、堂々とした態度で陳情書を読み上げています。大人たちの質問にもはっきりとした声で答え、何より、自分と同じような境遇にある少年少女たちを、少しでも救いたいという強い意思が感じられました。彼の成長を間近に見てきた私は、この時静かな感動に包まれていました。

同じひきこもり状態だった少年の人生が、なぜこうも違ってしまったのでしょうか。決して、ひきこもりになると犯罪をしやすくなると言っているのではありません。ひきこもりでも、やり方次第でいくらでも社会復帰できたのに、ということを言いたいのです。

30年以上、不登校やひきこもりの子どもたちを実際に指導してきて感じるのは、私のところにくる子たちは、頭が良く、さまざまな才能にあふれ、性格も穏やかで優しい子が多いということです。それがちょっとしたボタンの掛け違いでひきこもりになってしまっただけなのです。これは他の多くの不登校やひきこもりの子にも当てはまると思います。実際、文部科学省も、不登校について「どんな子どもにも起こりえる」と指摘しています。

不登校やひきこもりは、その当人や家族にとって大きな苦しみです。また、本来あるはずの能力を発揮できないひきこもりの状態は、彼らにとってだけでなく、社会全体にとっても大きな損失になるのです。一人でも多くのひきこもりの子どもたちが、ユウキくんのようになれば、社会にとっても、彼らの才能を生かしたより大きな可能性が生まれるのです。

ですから、どうにかして彼らを社会に復帰させてやりたい、私はその一念で30年以上指導を続け、実際に多くの子どもたちを社会復帰させてきました。そして、試行錯誤の末に編み出した方法が、「子ども達が規則正しい生活をし、自信を持ち自律し社会に貢献する未来を実現する」という現在の当会の教育ミッションとなります。「規則正しい生活」「自律して自信をつける」「社会貢献をする」という3つの要素を、この順番通りにステップを踏んで実行させることが鍵となります。とてもシンプルなことに聞こえますが、これが意外と簡単ではないのです。

詳しくは後で述べていきますが、この順番が大事です。多くの相談者は「自信をつける」を最優先に考えて、家庭教師をつけたり塾に行かせたりするのですが、実際は「規則正しい生活」が、不登校やひきこもりから復帰するための全ての土台なのです。順を追って、この3つができれば、9割以上の子どもたちが社会復帰できます。

ただ、この3ステップを実行する大前提に、両親や同居する方（祖父母など）がそろって私たちのミッションをよく理解して、一枚岩になって子どもと向き合うことが必要です。私たちも両親からの絶対的な理解が得られてはじめて、3つのステップを通して、「子どもたちが規則正しい生活をし、自信を持ち自律し、社会に貢献する未来を実現する」という教育理念のもと、生徒を指導していきます。

私は本書でこの方法を、子どもの不登校やひきこもりで悩む全国のお母さん、お父さん、またひきこもりの人々を支援する団体や指導者に知ってほしいと願っています。この方法を実行することで、一人でも多くのひきこもりの少年少女に社会復帰してほしいからです。

これは、冒頭の事件を起こしたような中年のひきこもり対策ではありません。しかし、将来そうした問題に発展するのを防ぐために、今ひきこもっている子どもたちが20歳くらいまでの間に、本書の方法で社会復帰をする未来を願っています。

20歳以降の大人になり、ひきこもりが長期化すればするほど、社会復帰への道は難しくなると私は思っています。特に、一度ひきこもった子どもが学校に行き始めたりした後に、再びひきこもると、かなり深刻です。2回目のひきこもりは、あとがないと思うくらいの覚悟が必要です。それなのに「どうにかしなければ」とは思う一方で、「いずれアルバイトでもし始めるだろう」などと、親も悠長に構えていたりします。親も本人も危機感がないまま、毎日を過ごしていってしまうのです。真剣に子どもと向き合ってひきこもりから脱出させないと、長期化が見えてきます。長期化を予防するためにも、20歳前までの今この時期が大事なのです。

中高年のひきこもりに関しては、私の専門ではありませんが、事件の報道を聞くにつれ、

10代のひきこもりと同じ問題点があると感じています。もっと10代のうちから、いえ、できれば幼いうちから、私が指導するスタイルと同じように育てていれば、ひきこもりにならなかったかもしれないのに、と思うことがよくあるのです。ですから、本書は若いお父さんお母さんが子どもをひきこもりにしないように育てるためのヒントにもなると思います。また、中年のひきこもりに対しても、解決のヒントになる部分もあるかもしれません。

長期のひきこもりを防ぐためには、なるべく早い時期にアクションを起こすことが大事だと私は考えています。この本を手に取ったお父さん、お母さん、今がその時期です。ぜひ本書を読んで、行動に移してください。

特にお母さんに、ぜひ手に取って読んでもらいたいと思っています。なぜなら、私のところへ相談に来るケースのほぼ100パーセントがお母さん一人で悩んでいるからです。不登校・ひきこもりの問題の多くには、お父さんの姿が見えません。たいていのお父さんは「仕事が忙しい」「子どものことは母親に任せている」などと逃げている状態で、子どもと向き合う気がないように感じます。

元事務次官の事件でも、お父さんが農林水産省の役人でしたから、仕事が激務で子育てを母親任せにしていたであろうことが想像できます。不登校やひきこもりの子どもによくあるケースです。お父さんが本気を出して子どもと向き合わなければ、ひきこもりから脱出することは難しいのです。

川崎の事件でも、犯人の男は幼少期に実の両親が離婚し、伯父に引き取られています。実の親でなくても、育てるのであれば、本気で子どもと関わっていかなくてはなりません。どのような養育環境にあったのか、まだはっきりしていませんが、同居している伯父が男と最後に接触したのは2019年1月だったと報道されています。それから4カ月もの間、全くコミュニケーションを取っていないのです。異常な家庭環境だったと言わざるをえません。

お父さんが本気で子どもと向き合わなければ、子どもが立ち直れるわけがありません。何のために働いているのですか、家族のためじゃないのですか、一番大事な子どものためです、今こそお父さんの出番なのです。そのためにも、まずは問題を一人で抱え込んで悩んでいるお母さんに、こんな方法があるよ、と知ってほしいのです。

一番大事なのは、両親そろって、子どもとの関わり方を変えることです。詳しくは第4章で述べますが、お母さん任せにしないで、お父さんも本気になって子どもと向き合ってほしいのです。

実は、私自身も小学生の時に不登校を経験しています。不登校という言葉もなかった時代です。ただ、その時に体を丈夫にするために、全寮制の養護学校へ入れられました。そこで規則正しい生活を送ったことで立ち直った経験があります。振り返ると、これが私の人生のターニングポイントでした。

この経験をもとに、不登校やひきこもりの結果、高校へ進学できなかった中卒の生徒、高校中退した生徒の指導を30年以上してきました。高卒支援会という団体を立ち上げ、ひきこもりを克服して都立高校への転編入や通信制高校の卒業を目指す子ども、高卒認定試験（高等学校卒業程度認定試験：旧大学入学資格検定）を受けて大学進学を目指す子どもの支援をしたりする活動をしています。年間のべ４５０件の相談を受け、実際に両親や子どもたちを指導して、多くの不登校やひきこもりの少年少女たちを、社会復帰させてきました（ただ、残念ながら救えなかった子もいます。これは本書の最後で述べます）。

そうした経験から編み出した方法が、先ほど述べた３つのステップなのです。これは中学生から高校生、20歳くらいまでの青少年に対して行っているやり方です。ですから、それより年上の場合は、私も指導した例がないので、わかりません。この本では、特に断りがない限り、中学生から20歳くらいまでの青少年を念頭に置いて書いていきます。

この方法を生み出し、この本を出版するまでには、紆余曲折がありました。

私は不登校や高校中退、ひきこもりになった生徒を指導していくにあたって、はじめは都立高校の再受験、転編入試験を目指して勉強してもらう方針をとってきました。しかし、試験の倍率は高く、受からない生徒も出てきます。生徒が中卒のままでは、就職するにも大変な苦労を伴《ともな》います。どうにかして生徒に高卒資格を取らせてあげたいと、模索していたなかで見つけた道が、通信制高校と提携し、サポート校として生徒を指導していく方法でした。従来の指導と併用して、サポート校としての指導もやってきました。

そこで起こったのが、2015年に発覚したウィッツ青山学園の就学支援金詐欺事件です。私たちはウィッツ青山学園東京キャンパスのサポート校として真面目に指導していたのですが、一部のサポート校では授業をきちんとしておらず、就学支援金を不正受給していたのです。事件が発覚すると、マスコミが詰めかけ、生徒がどんどん辞めていく事態に陥りました。

私たちは事件に全く関わっておらず、逆に被害者であったのですが、残念ながらそのように は伝わらず、世間からは厳しい目で見られました。

そんな状況にもかかわらず、私たちを信じて残ってくれたのが、当時指導していた数人の生徒たち、そして彼らのお父さんお母さんたちです。私たちの思いを受け入れ、信じてついてきてくれたのです。私が彼らを救いたいと思っていたのですが、彼らにこそ救われたことに、心から感謝しています。

今では生徒数も増加し、当時の生徒たちは現在当会のインターンとして活躍しています。当時のお父さんお母さんたちも引き続き支援してくれています。本当にありがたいです。

こうした回り道があったからこそ見つけられた、不登校・ひきこもりから復帰できる新しい方法を、世の中に還元し、多くの人に知ってもらいたいと思っています。

この方法を通して、不登校やひきこもりで苦しんでいる子どもたちを一人でも多く救うことができればと願っています。

なお、本書では生徒名は全て仮名（カタカナ表記）としてあります。学年や年齢などは、2019年3月時点のものです。また、章をまたいで何度も登場する生徒については、次ページ以下にプロフィールを載せておきますので、参考にして下さい。ここでは男子生徒ばかりになっていますが、女子生徒の例も後の章で紹介しています。もともとひきこもりは女子よりも男子に多く起こる現象なので、取り上げる実例も男子の比率が高くなっています。その原因についても後で述べていきます。

【主な登場人物】

【ユウキくん】

地元の公立小中学校を経て、高校受験で国立《こくりつ》の高校に進学したが、小中と同じメンバーでずっと過ごしていたため、高校に馴染めず、高1の2学期が始まると徐々に学校に行けなくなった。9月下旬、お母さんがユウキくんを病院に連れていくと、自殺の恐れがあるとして、10月に入院。約1カ月後に退院したが、学校には行けないまま、ひきこもり生活を続けていた。進級できないため、留年して再び高校1年生として学校に行ったものの、5日しか通えずにまた不登校になってしまい、6月には退学した。当会に相談に来て、高校生インターンのアツヤくんを見て衝撃を受け、アツヤくんのようになりたいと思い、当会に通うことを決めた。当会の提携する通信制高校サポート校に通うことも考えたが、学費がかかるため、断念し、高卒認定試験を受けることになった。ユウキくんも高校生インターンをしながら勉強し、秋には順調に高卒認定に合格したが、合格後は目的を失い、冬ごろには再度ひきこもりがちになってしまった。この状況を打開しようと、当会の提案を受けて、4月に生活改善合宿（第6章にて後述）に参加。規則正しい生活をしたことで、身体的にも精神的にも元気な姿を取り戻した。その後は当会の正社員スタッフとなり、通信制高校サポート校の授業料の無償化に取り組み、議会へ陳情活動をするなど活躍している。

【タツマくん】

現在20歳の大学生。中1から中3までの約3年間と、高1の2カ月間、2度の不登校とひきこもりを経験。

中学受験で私立の中高一貫教育の学校に入学したが、中1の5月から不登校になる。母親が有名なカウンセラーに相談したが「不登校は放っておけばよい」と言われ、対策をすることなく中学を不登校のまま卒業。不登校児を受け入れる全寮制の高校に進学したが、高1の冬休みにバリケードを作って部屋に立て籠もった。当会に両親で相談に来て、父親が本気を出して向き合ったことで、ひきこもりから脱し、当会に通うようになった。通信制高校を卒業し、一浪を経て、有名難関大学に進学した。

【カズキくん】

中学受験で私立の中高一貫進学校に進学。特に英語が苦手で、中2から赤点を取り始め、成績不振に陥った。高校には原則全員進学できるので、進学できたが、さらに赤点が増え、高1の1学期で進級できる見込みがなくなり、退学した。高1の秋から当会に通い、通信制高校卒業を目指して勉強しなおす。当会で生徒会長を務めたところ、みんなから大きな信頼が寄せられ、それにより、カズキくん自身も自信を持てるようになった。両親からの大学進学のプレッシャーにつぶされそうになっていたが、三者面談などを通して両親を説得し、本人が本当にやりたいことを見つけて、高卒公務員の道を目指し、見事合格。公務員として就職する予定。

【モトヤくん】

中学受験で私立の中高一貫進学校に進学したが、中学受験の燃え尽き症候群から勉強をしなくなり、成績不振に陥った。中3では問題児ばかりを集めた「特別クラス」に入れられ、嫌がらせと思われるような指導にあった。高校には原則全員進学できるので進学できたが、さらに勉強がわからなくなって落ちこぼれ、学校に行かなくなった。家にこもってゲームにのめりこんで、昼夜逆転した生活を送るようになり、学校を退学した。母親の相談を受けて、当会のスタッフ、インターンスタッフが登校支援を開始。モトヤくんは次第に登校できるようになり、さらにアルバイトをしたことで、生活リズムが立ち直ってきた。生徒会長になると、さらに自信をつけ、現在は大学受験を目指して勉強中。

【ハルトくん】

小中学校で、野球のクラブチームに所属、キャプテンを務めて活躍し、スポーツ推薦で私立高校に入学した。しかし、スポーツコースは家から電車で1時間以上かかる遠い場所にあり、さらに野球部の早朝から夜までに及ぶハードな練習で、挫折してしまった。部活に出ないと学校にもいられない雰囲気になり、退学に追い込まれた。それからは、家にひきこもってゲームにのめりこむ日々が約1年続いた。その後、当会に入会して、通信制高校で高校卒業資格を取るために勉強している。当初は友達も作らないでいいと思っていたが、当会でのイベントの幹事を経験して、いろいろな生徒と仲良くなり、自信が持てるようになった。今では大学受験に向けて勉強している。

【アツヤくん】

お父さんの家系は代々旧帝大卒で、なかでも祖父、曽祖父は東大卒。それもあって、小さいころから旧帝大以上の大学に進学するように言われ、毎日のように習い事や塾に通わされた。中学受験をしたうえに、さらに高校受験をさせられ、難関進学校へ進学したが、学校に溶け込めず、勉強する気持ちがなくなり、高1の7月には全く学校へ行かなくなった。父親からの家庭内暴力もあったが、反抗して殴り返したこともあり、父親とは別居状態に。秋から当会に来て、親は都立高の転入試験を受けさせようとしたが、アツヤくんはこれに反発し、願書を出さず、通信制高校に通うことになった。親は旧帝大にこだわったが、面談を重ねると、アツヤくんはファッションデザイナーになりたいことが判明。スタッフの勧めで、ファッションが学べる大学の受験を目指すことになった。同時に当会の学生インターンになると毎日登校し、しっかり働くようになった。生徒たちからの信望も厚く、ひきこもりの生徒の連れ出しに大きな役目を果たすなど活躍し、自信をつけている。

【コウタくん】

お父さんと仲のいい友達親子のような関係で育ったコウタくん。中学生になってお父さんに反抗するようになると、お父さんに暴力を振るい、言うことをきかなくなった。

高校では学年1位を取るほど成績はよかったものの、第1志望ではなく第2志望の高校だったため、入学後からモチベーションが低く、学校をサボりがちだった。友達とケンカをしたのがきっかけで、高2になってから学校に行かなくなり、9月に退学。その後、当会で相談を重ねて、医師になる決意をし、通信制高校卒業を目指しながら、医学部受験に向けて勉強するようになった。サボりぐせ、逃げぐせがあったが、イベントの幹事をしたり、生活改善合宿に参加したりして、それを改善してきた。現在も医学部受験に向けて勉強している。

【カイトくん】

受験を勝ち抜いて私立小学校に通い、さらに中学受験をしたカイトくん。第1志望に落ちて第2志望の中学校に進んだものの、学校の厳しい雰囲気に合わず、中1の5月から不登校になった。無理に学校に行かせようとする両親に反発し、6月にはエアガン3丁を持って自室に立て籠もった。昼夜逆転してゲームにのめりこみ、お風呂にも入らず、髪も爪も伸びっぱなし、親とは一言も話さずに、夜中にテーブルの上に置いてあるものを食べて生活するという状況に陥った。すぐにお母さんが当会に相談し、6月下旬から、ベテランスタッフと高校生インターンのアツヤくんが訪問を始めた。最初は無視していたものの、徐々にスタッフに心を開いていき、12月には半年ぶりに部屋から出た。外出する回数を増やしていき、翌年の4月には週4日、10月には毎日通えるようになった。現在は高校受験を目指して勉強している。

【大倉】【竹村】
当会の主なスタッフ。生徒たちと直接かかわる役割を担い、親密なコミュニケーションをとっている。

不登校・ひきこもりの9割は治せる　目次

第1章

ひきこもりになるタイミングは人生で4度ある

増え続ける不登校

ひきこもりの前段階ともいえる不登校は年々増えています。

文部科学省では、不登校を「年度間に連続又は断続して30日以上欠席した児童生徒」のうち、「何らかの心理的、情緒的、身体的、あるいは社会的要因・背景により、児童生徒が登校しないあるいはしたくともできない状況にある者（ただし、「病気」や「経済的理由」による者を除く）」と定義しています（「児童生徒の問題行動・不登校等生徒指導上の諸課題に関する調査」より）。その数は少子化で年々生徒数が減っているにもかかわらず増加していて、２０１７年度では、中学生は31人に１人の割合となっています。

つまり、クラスに１人は不登校の生徒がいるということです。それほど身近な問題になっています。誰がいつ不登校になってもおかしくないのです。不登校の生徒というと、どこか気弱な大人しいイメージがあるかもしれませんが、現代ではクラスで目立つ生徒、積極的な生徒、勉強ができる生徒でも、不登校になるケースが少なくないのです。

一方、ひきこもりの定義とは、厚生労働省では「仕事や学校に行かず、かつ家族以外の人

図表１　不登校児童生徒数の推移、不登校児童生徒の割合の推移

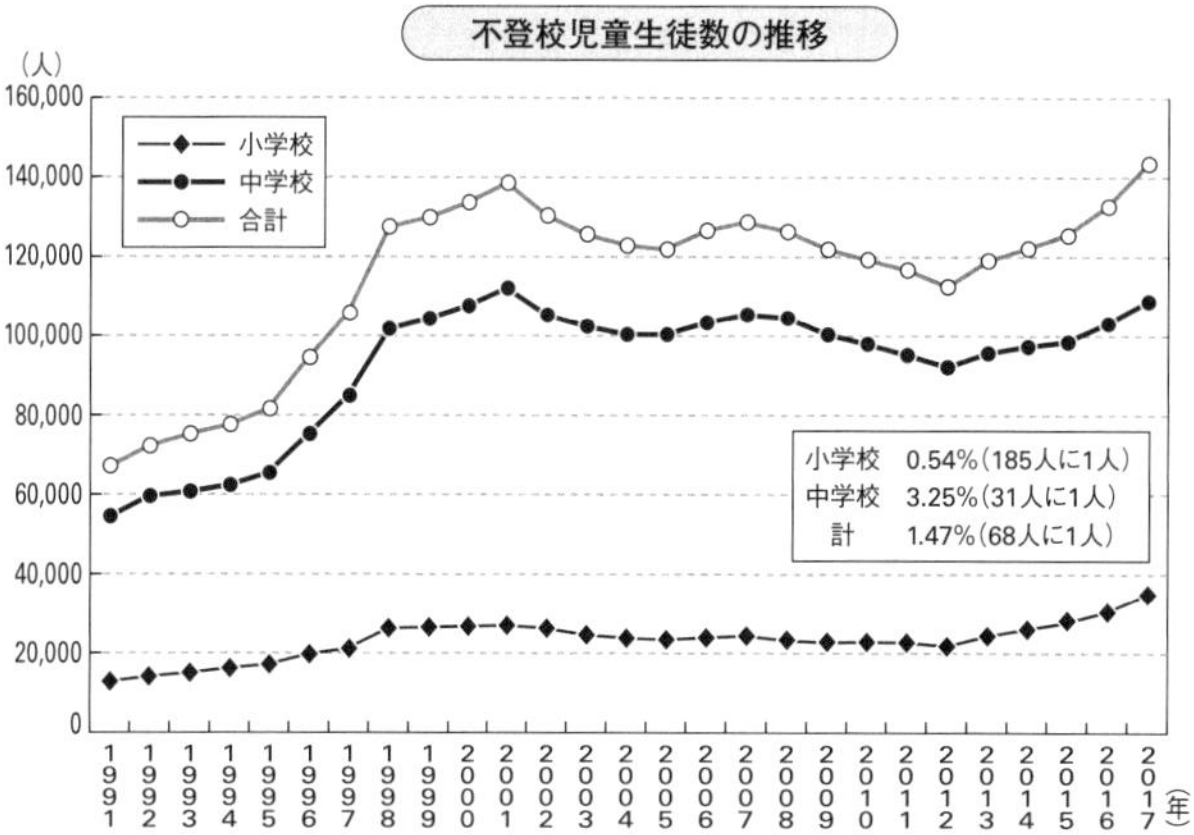

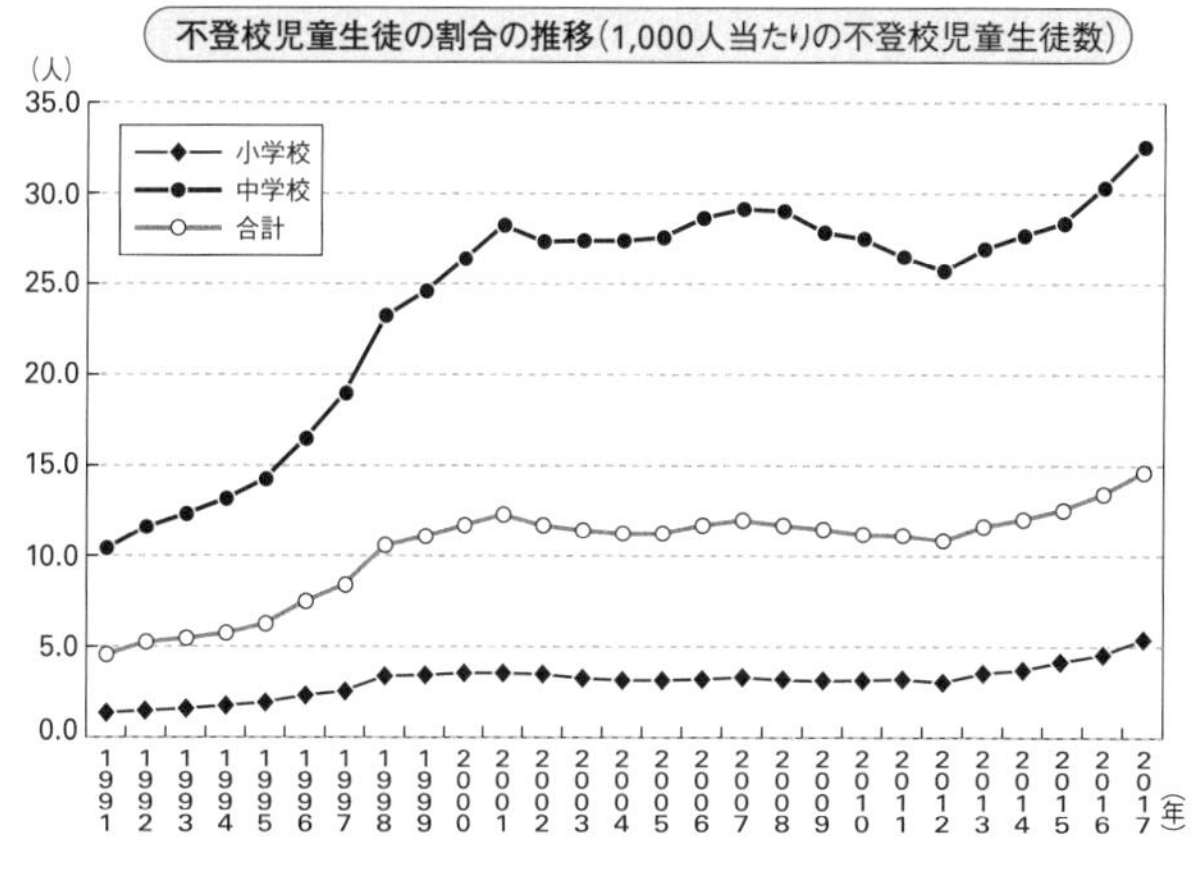

（注）調査対象：国公私立小・中学校（小学校には義務教育学校前期課程、中学校には義務教育学校後期課程及び中等教育学校前期課程を含む。）

出典：平成29年度児童生徒の問題行動・不登校等生徒指導上の諸課題に関する調査結果について（平成30年10月25日発表）

図表2　内閣府40〜64歳のひきこもり実態調査結果

ひきこもりの状態になった年齢

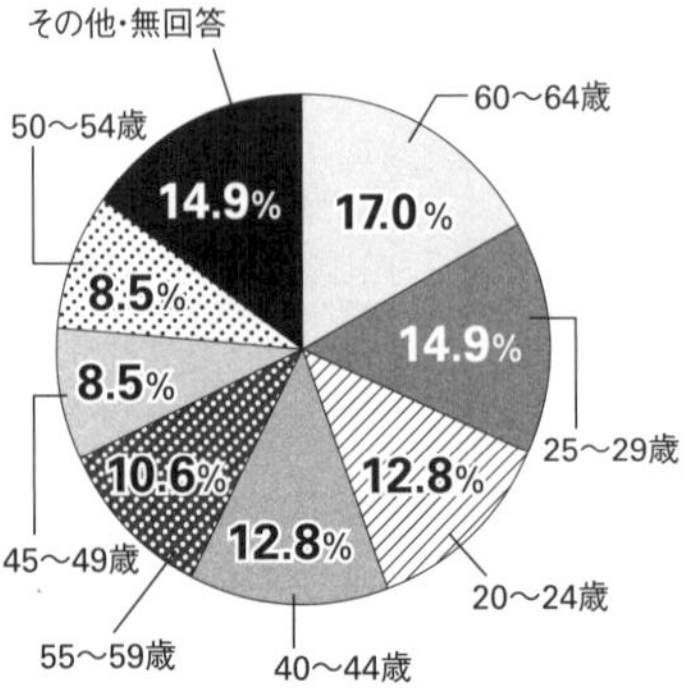

ひきこもりになったきっかけ（上位5つ、複数回答）	
退職した	36.2%
人間関係がうまくいかなかった	21.3%
病気	21.3%
職場になじめなかった	19.1%
就職活動がうまくいかなかった	6.4%

出典：内閣府調べ（2019年3月29日報道発表）

との交流をほとんどせずに、6か月以上続けてひきこもっている状態」としていて、その世帯数は約32万にのぼると推計しています。

また、内閣府でもひきこもり調査を2010年と2015年にしていて、69万6000人（2010年）、54万1000人（2015年）と推計しています。この数字ではひきこもりが減っているように見えますが、実は、この調査の対象年齢が15〜39歳で、40歳以上がカウントされていないからなのです。今までひきこもりは主に、不登校などをきっかけに起こる「若い世代の問題」と捉えられていました。しかし、実際にはひきこもりが長期化し、40代や50代のひきこもりが増加しているのです。

図表３　内閣府40～64歳のひきこもり実態調査結果

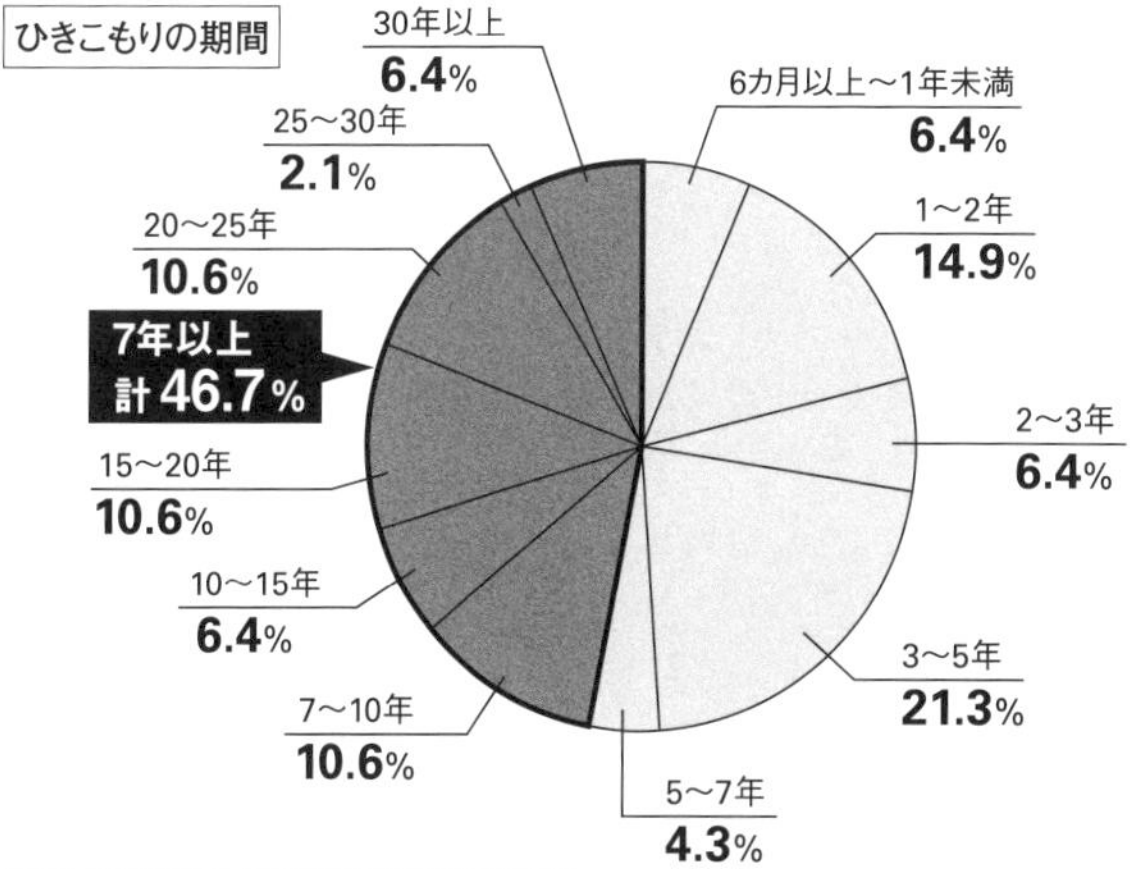

出典：内閣府調べ（2019年３月29日報道発表）

こうした状況を受けて、内閣府は２０１８年度に初めて40～64歳を対象にしたひきこもりの実態調査を行いました。「はじめに」でも書いたように「８０５０問題」があらわになってきているからです。この調査により、40～64歳のひきこもり中高年者は推計61万３０００人いて、15～39歳を合わせると１００万人以上にのぼることがわかってきました。ひきこもりの期間が30年以上という人も６・４パーセントおり、ひきこもりの長期化、高齢化が新たな問題になっています。

不登校とひきこもりの違い

ここで、不登校とひきこもりの関連や違いを、注意して見てみましょう。

当会へ相談に来るケースを見ると、不登校とひきこもりが重なっている状態がほとんどです。先述の通り、不登校は30日以上、ひきこもりは6カ月以上と期間が定義されていますが、例えば1カ月でも家族の中でコミュニケーションがとれていない場合は、私はひきこもりといえると考えています。

親とずっと口をきいていない状態で、「おはよう」のあいさつさえもしない。部屋から出てこないで、部屋がゴミの山になっている。お風呂も入らず、髪の毛がぼうぼうに伸びきっている。こういった状態での相談がたくさんきます。このように親子関係がなくなって「鎖国状態」になっている場合、1カ月でもそうなってしまったら、自分でそこから抜け出ることはとても難しいのです。**ひきこもりは自然には治りません**。

子どもが不登校になって、スクールカウンセラーなどに相談しても「無理に登校させないで、子どものやりたいようにしておきなさい」とアドバイスされる場合が多いようですが、親子間であいさつもしないのに、放っておいてよいわけがありません。それなのに、放っておきなさいといわれて、そのままにしている家庭も少なくないのです。

一方、大学生などで、大学に行っていなくても、アルバイトをして、友達との交友関係もあり、親子の会話もある。そういった鎖国状態でない場合はひきこもりではありません。やがて自分で立ち直っていきます。

逆に、**明らかに一人では立ち直れないような状態になること**を、私はひきこもり状態だと思っています。それはやはり、放っておいてはいけないのです。

ひきこもりタイミング①　中1ギャップ

私の指導の経験上、**ひきこもりになりやすいタイミングは人生で４度ある**と思っています。

１度目は中１、２度目は高１、３度目は浪人と大学中退、４度目は就職活動での挫折です。

１度目は、いわゆる中１ギャップです。次のページにある学年別の不登校児童・生徒数のグラフ**（図表4）**を見ると、中１になると急激に不登校者が増えているのがわかります。

なぜ、中１に不登校からひきこもりになることが多いのでしょうか。

まずは、環境の変化に適応できないということがあげられます。不登校の要因（国公私立中学校）の円グラフ**（図表5）**を見ると、入学・転編入学・進級時の不適応や、クラブ活動・部活動等への不適応があがっています。

小学生と違い、中学生になると、部活動や委員会などで縦の関係が重視されるようになります。幼馴染みだったお兄ちゃんに、いきなり敬語であいさつしなければならなくなったり

図表4　学年別不登校児童生徒数

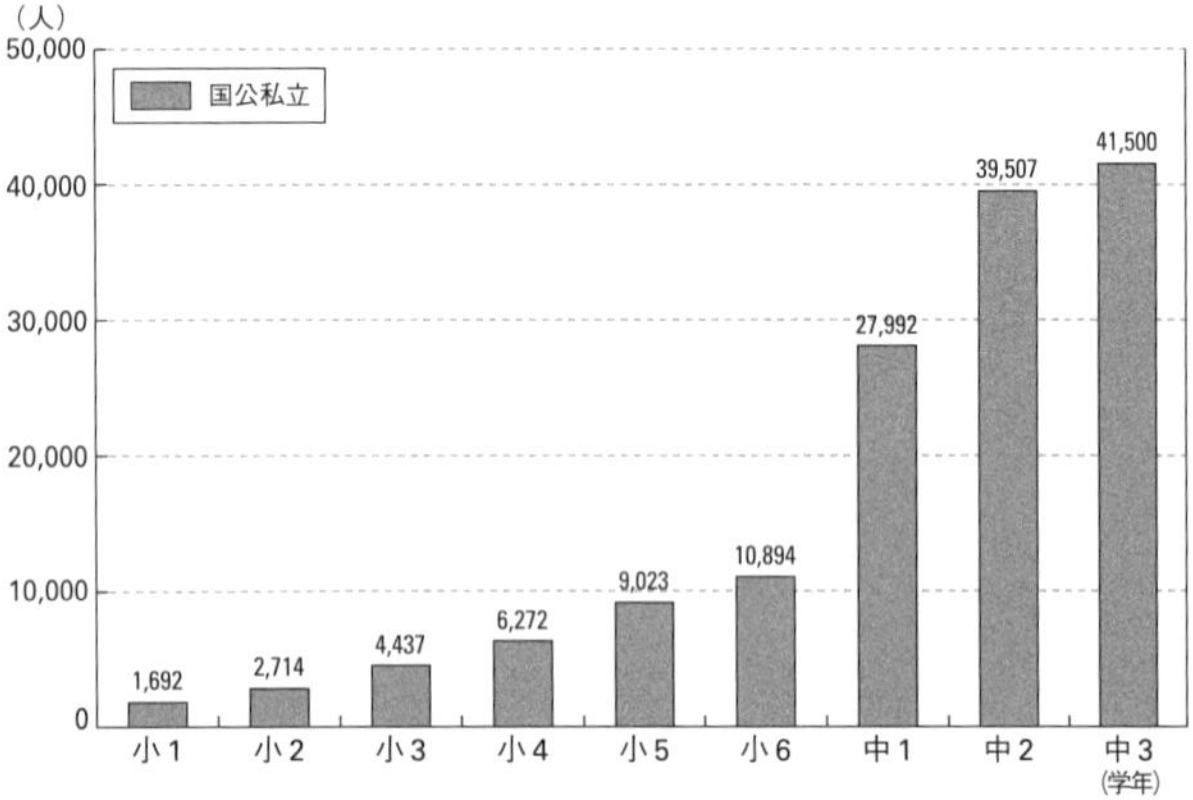

出典：平成29年度児童生徒の問題行動・不登校等生徒指導上の諸課題に関する調査結果について（平成30年10月25日発表）

するのです。部活動では、先輩からのしごきがあったりします。こうした縦社会の厳しさに適応できないのです。

　次にあげられるのは、学業の不振です。不登校の原因でも21・8パーセントと多くを占めています。なかでも**英語でつまずいてしまう生徒がとても多い**です。

　当会に相談に来るお子さんの多くが、中学受験を経験しています。中学受験では国語・算数・社会・理科の4教科を受験科目としている学校が多いので、英語は勉強していません。ですから、その4教科ではものすごく力があって、算数オリンピックに出ていたり、日本史の年号は全部覚えていたりしても、英語は苦手な子も多いです。しかも、入学後は

図表５　不登校の要因

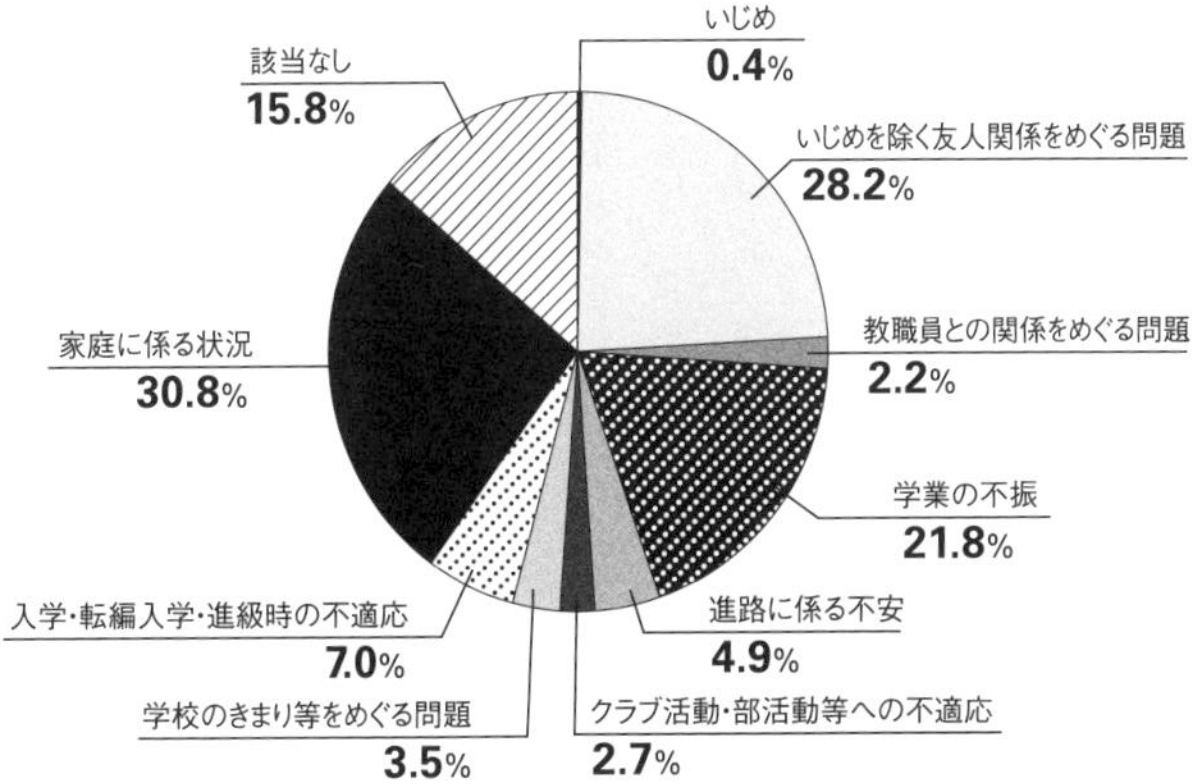

出典：平成29年度児童生徒の問題行動・不登校等生徒指導上の諸課題に関する調査結果について（平成30年10月25日発表）
※複数回答可

勉強するモチベーションもありません。そこで、英語だけ落ちこぼれていくのです。

塾はフルパワーで勉強させて、ギリギリで合格した中学校に行かせます。少しでも偏差値の高い中学校への進学実績を喧伝したいからです。しかし、なかには余裕で受かって進学している子もいます。入学後、そういう子とどんどん差がついてしまうのです。

中学生に面接をして、「今までの人生で一番頑張ったことは何か」と聞くと、５人中５人が「中学受験」と答えます。そこで燃え尽きてしまって次の目標がないから、中学に入って何も頑張れないのです。中学受験で負荷をかけすぎ、燃え尽き症候群になってしまうのです。

　彼らの親は医師や大学教授などのエリートが多く、東京大学や京都大学などの高偏差値の大学を卒業している場合が多いのも特徴です。子どもの地頭《じあたま》はいいのに、それ以上に無理をさせていると感じます。また、子どもの将来やりたいことなどを考えて進路を決めるのではなく、大学合格そのものをゴールにしてしまっているのです。中学受験はその前段階で、いい大学に行くために、いい中学校に入れるという考えなのです。

　私立の進学校は公立の2〜3倍、それ以上のスピードで英語の授業が進みます。中1の1学期でＡＢＣを習い始めたばかりなのに、3学期には高1の文法まで習っていたりします。これほどスピードが速いなら、事前準備が必要に感じます。しかし、私立の中高一貫校では、本来6年間で学ぶものを5年間で終わらせ、最後の1年は大学入試演習にあてるため、こうした猛スピードで勉強させるのです。これが、多くの落ちこぼれを生み、不登校や中退を生む原因になっています。

　英語が原因で不登校からひきこもりになってしまったタツマくんの例と、英語が原因で落ちこぼれて高校を中退してしまったカズキくんの例を紹介します。

【タツマくんの事例】（現在20歳の大学生。中１から中３まで約3年、高１で2カ月と、2度の不登校とひきこもりを経験）

タツマくんは中学受験で猛勉強をして、私立の中高一貫進学校に入学しました。しかし、今まで全く勉強していなかった英語の授業に馴染めず、中１の5月から不登校になってしまいました。お母さんがカウンセラーやさまざまな教育機関に相談したところ、有名な先生に「不登校は放っておけばよい」と言われたそうです。何も対策をせずそのままにしていたら、中３までひきこもり、親と全く話をすることもなく、不登校が続きました。高校では何とかこうした状況を脱出しようと、全寮制高校に進学を決めました。しかし、冬休みで家に戻ってきた際、部屋に立て籠もってしまったのです。まるで地獄のようです。タツマくんは髪の毛も伸び放題でぼうぼう、誰も部屋に入れないようにバリケードを作り、親が部屋に入ろうとすると暴力を振るいます。こうした痛い思いをして初めて、両親で当会に相談に来ました。父親は関わりたいと思ったが、「先生に『関わるな』といわれているからと母親に止められた」と言います。その後、当会に入会、通信制高校で高卒資格を取得し、大学進学に向けて勉強を始めました。はじめは偏差値

40からのスタートでしたが、一浪を経て、有名難関大学に進学しました。現在は当会のインターンスタッフとして働いています。

【カズキくんの事例】（成績不振で高1で中退を経験、その後、通信制高校を卒業し公務員試験に合格）

中学受験で、実力より上のチャレンジ校だった私立の中高一貫進学校に、「ラッキーで合格した」というカズキくん。最初から勉強についていくのが精一杯で、中2から赤点を取り始めたといいます。「特に英語がきつかった」そうですが、高校には全員進学できるので進学し、高校からは頑張って勉強しようと思ったそうです。しかし高校にあがると英語だけで3科目もあり、それが全部赤点。さらには数学、物理、化学も赤点でした。10科目のうち2科目以上赤点があると進級できないため、高1の夏で中退しました。辞めた直後は何も考えられなく、絶望した状態でした。しかし、秋から当会に入会し、さまざまな道があることを発見して、通信制高校で高卒資格取得を目指すとともに、公務員試験の受験に向けて一生懸命勉強し、見事合格。今春から公務員として勤める予定です。

ひきこもりタイミング②　高1クライシス

中1ギャップの次に来るのが、高1クライシスです。

原因として一番大きいのは、中学と高校のシステムの違いです。中学は義務教育なので、不登校になっても在籍し続けることができ、卒業もできます。しかし高校は義務教育ではないので、たいていの学校では1年に30日以上休むと単位取得が難しくなります。すると進級できないので、留年、または退学するしかありません。そうなると、例えばゴールデンウィーク明けから徐々に学校に行かなくなった場合、9月ごろにはもう留年が決まってしまいます。なかには留年制度がなく、即辞めなくてはならない高校もあります。そのため、高校中退者は毎年約5万人（2017年は4万6802人）いますが、中退時期は高1が一番多いのです（単位制高校を除く）。

次ページの**図表6**の通り、文部科学省の調査によると、2017年度の高校の不登校者数

図表6　高校学年別不登校生徒数

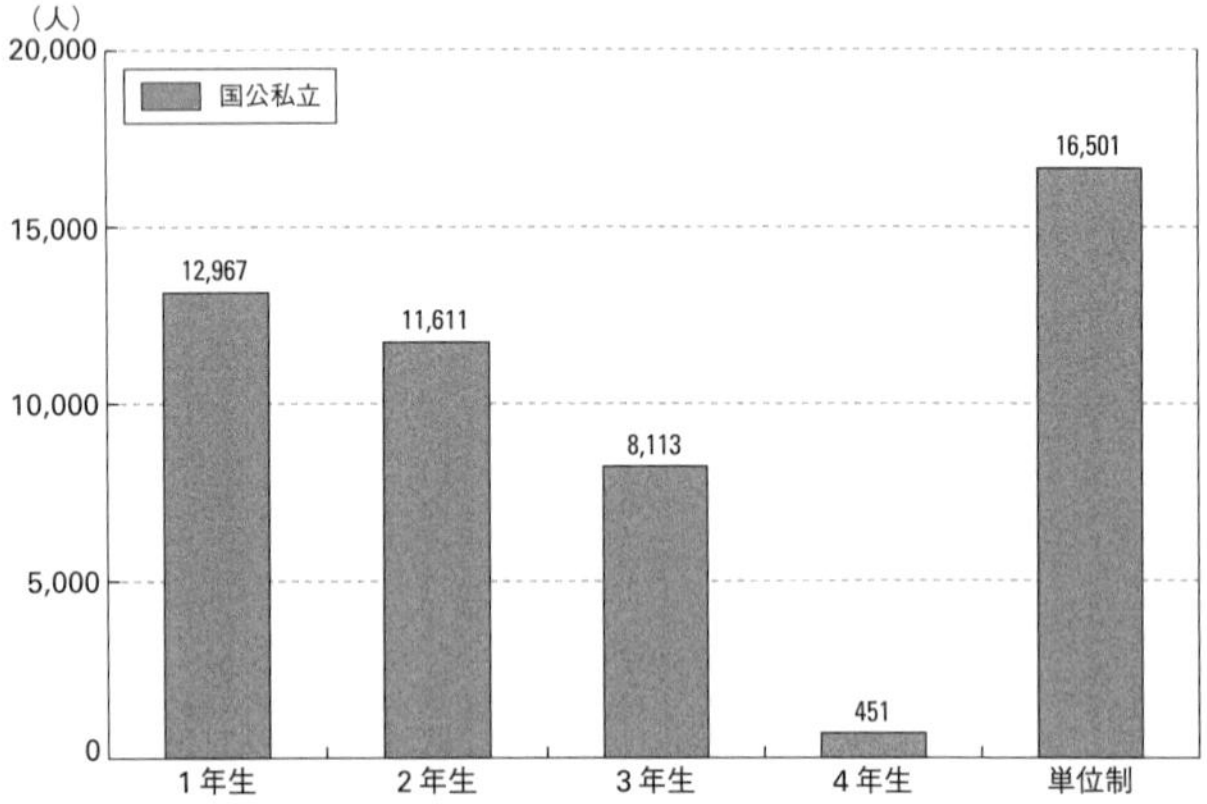

出典：平成29年度児童生徒の問題行動・不登校等生徒指導上の諸課題に関する調査結果について（平成30年10月25日発表）

は4万9643人となっています。ただ、中学までは義務教育なので不登校でも学校に在籍しているため、不登校（つまり、ひきこもり）の数が把握できますが、高校では退学してしまうと、その後は不登校にカウントされません。不登校からひきこもりになった人数がその年しか把握できない状態になっています。ひきこもりが2〜3年にわたる生徒もいるので、この数字以上にひきこもりになってしまった子がいるということです。

また、不登校者の40・1パーセントは前年度から継続していて、不登校者のうち留年が7・2パーセント、中退が27・3パーセントとなっています。どちらにしても、不登校者数が4万9643人、中退者数が4万680

２人ですから、不登校の生徒は、不登校になった年、またはその翌年にはほぼ中退している状態といえます。

以前の東京都では、高校は義務教育ではないので不登校は存在しない、という見解でしたが、近年は高校不登校者の多さとそのリスクの大きさから、調査をするようになりました。文部科学省でも高校不登校者数を２００４年度から調査しています。私の指導経験上、高校不登校の生徒のほとんどが中退しているのが現状に見えます。

また、高校中退の対策として、東京都では青少年リスタートプレイス（東京都教育相談センターが設置する高校中退生や中卒生、不登校状態の中学生のための就学サポート）や、チャレンジスクール（不登校の中卒生や高校中退生のための定時制高校）を設置するなどの取り組みを行っています。チャレンジスクールは都内に5校あり、午前部・午後部・夜間部の3部からなる定時制高校です。入学試験は面接と小論文で構成されており、つまり内申書が不要で筆記試験もないため、長期欠席している不登校の生徒も合格しやすく、人気が高まっています。４年で卒業することが基本ですが、他の部も履修することによって3年での卒業も可能となっています。ただ、３年間で卒業できる人は少なく、中退する人も多いのが実情です。

また、東京都と大阪府では高校転校制度があります。ただ、他の県ではそういった制度がないのが実情で、多くは通信制高校が実際の受け皿になっています。詳しくは第3章で述べていきます。

ひきこもりタイミング③　高校卒業直後

中1ギャップ、高1クライシスに続いて、高校卒業直後がまた大きな危機です。浪人中にそのまま予備校に行かなくなり、ひきこもりになるケースも多くあります。また、大学に入ったものの授業に出ない状態が続き、中退してしまう人も多いのです。

特に東京など都市部の進学校に進んだ場合、大学に進学するのが当たり前という環境に置かれます。学校は進路指導でなく出口指導になっていて、模擬試験の偏差値を見て「この大学を受験しろ」と勧める教師も少なくありません。大学・短大進学率（過年度卒を含む）は57・9パーセント（平成30年8月2日文部科学省発表、平成30年度学校基本調査）ですが、東京の進学校の場合はほぼ100パーセントとなり、本当に希望する進路が見つからないまま、とりあえず合格したところに進学すると、大学に意味を見いだせず、中退になることも多いのです。中学や高校と同じく、特にゴールデンウィーク明けに行かなくなることが多いようです。

実際、大学の中退率は2・65パーセント、休学率は2・3パーセントとなっていて（文部科学省調べ、平成26年9月25日発表「学生の中途退学や休学等の状況について」）、20人に1人が何らかの理由で、中退や休学をしています。

ひきこもりタイミング④　就活での失敗

その次のタイミングは就活での失敗です。就職できないまま卒業してひきこもりになる場合と、就職後に会社を辞めてそのままひきこもりになる場合があります。内閣府の調査でも、就職氷河期世代にあたる40〜44歳のひきこもりの3人に1人が、20〜24歳の時にひきこもり状態となっていて、就職活動がうまくいかなかったことが原因とみられています。ただ、この時期の話になると、当会では扱っていないので、詳しくはわかりません。

30年以上にわたって不登校やひきこもりの生徒を指導してきましたが、ここ10年くらいでひきこもりは特に増えてきたと感じています。10年前というと、ADSLでインターネットが全国的に普及した時代です。時を経るごとにパソコンやスマートフォンも進化し、ネット環境へ容易にアクセスできる時代となりました。すると、部屋の中で一人ぼっちでいても疎外感を抱きにくいのです。当会へ相談に来るケースでも、ひきこもっているときはずっとゲームをしている子どもは多いです（特に男子）。

例えば、あるタレントさんは昔ひきこもっていた時期があったけれども、今のようにスマホなどがなかったので、やることがなくなって外に出たとラジオで話していました。もし、今の時代に中学生だったら、ずっとひきこもりを続けてしまっていたかもしれないと言うのです。

ですから、スマホやネット環境が充実した現代は、ひきこもりになりやすい側面もあると思っています。

もちろん、スマホはうまく使えば便利な道具ですし、現代社会で生きていくにはネットは不可欠でもあります。ただ、その付き合い方には大きな注意が必要なのです。スマホやネットとの付き合い方については、第7章でも詳しく述べていきます。

第2章

不登校を生む教育現場の課題

私立高校ならではの事情

不登校の問題は、公立と私立のどちらに進学しても起こるものです。

しかし、長年、東京都内で指導してきた私の経験上、**中高一貫の私立進学校に問題がある**ように感じます。私立進学校が多い東京都の地域的な傾向もありますが、相談に来る生徒は、難関大学に合格者を大量に送り出す進学校に在籍している場合が非常に多く、約9割を占めます。これまで当会に相談のあった生徒の在籍校をあげると、東京大学合格者数ランキングに名前が出ているような私立御三家をはじめとする有名進学校や、有名大学附属校の名前がこれでもかというくらいたくさん出てきます。関東だけで100校以上にのぼり、どの私立進学校でも起こっている問題といえます。

実際、不登校の相談を受けて、その子どもの通う私立学校側へ「一緒に問題を解決しよう」と話し合いに行くこともあります。学校によっては、話を聞いてくれるところもありますが、「うちはうちでやりますから」というところも少なくありません。

顕著なのは英語です。第1章でも述べたように、私立校の英語の進度は公立と比べると非常に速くなっています。中１のうちから高校の指導範囲の文法を教えたりするほどです。進学校の先生たち自身も、特に英語の授業に問題があると思っているようで、私に愚痴をこぼすこともあるくらいです。

２０２０年度に実施される大学入試改革では、英語はリスニング（聞く）・スピーキング（話す）・リーディング（読む）・ライティング（書く）の４技能が必要になりますが、いまだにリーディングの文法中心に授業している学校ばかりです。もっとリスニングやスピーキングを重視した楽しい授業をするべきだと私は思っています。

また、成績が低下した後のフォローも十分とはいえません。学校によっては補習などを一生懸命にしてくれるところもありますが、補習がない場合もあり、ひどい場合には、「授業についてこられないなら転校したほうがあなたのため」と辞めることを促す場合もあります。俗にいう「肩たたき」です。学校の授業についていけず、学校は面倒をみてくれるどころか、辞めるように勧めてくる、または、辞めるように仕向けてくる。そんな状況では、いつ不登校になってもおかしくありません。

また、成績が悪いわけではなく、成績上位にいても、大学受験へのプレッシャーや、周囲の「いい大学に行くのが全て」という価値観に押しつぶされて、不登校になってしまうケースもあります。

ここでは、成績不振から学校に退学を勧められたという実際にあった事例をあげます。

【モトヤくんの事例】（現在17歳、通信制高校在学中。前籍の私立の中高一貫進学校で問題児を集めた特別クラスへ入れられるなど、学校による嫌がらせを体験）

モトヤくんは中学受験をして私立の中高一貫進学校へ入学しましたが、中学受験が終わったあとの燃え尽き症候群もあり、中1では勉強をほとんどしていませんでした。中2で主要3教科の英語・数学・国語の全てが赤点になってしまい、中3からは問題児ばかりを集めたクラスに入れられたといいます。たった1秒の遅刻でも反省文を書かされるなど、嫌がらせと思えるような指導が続きました。同じクラスの友達も数人辞めていったそうです。中学は義務教育のためそのまま卒業できましたが、高校に入っても、特に補習などをしてくれることもありませんでした。モトヤくんは学習面で落ちこぼれてしまったうえにフォローもされず、学校が嫌になって次第に休むようになり、不登校と化してしまいました。

モトヤくんにはお兄さんがいて、別の私立中高一貫進学校に通っていましたが、お母さんによると、モトヤくんの学校とお兄さんの学校では、態度が全く違ったそうです。お母さんは「兄の学校では、留年しそうな生徒に補習などして、進級できるよう一生懸命に指導してくれました。しかし、モトヤの学校では留年が決まるまで放っておいて、辞めるように言ってきます。どうしてこんなに違うのでしょう」と嘆いていました。

【ヤスユキくんの事例】（高校1年生で、現在も進学校に在籍中）

ヤスユキくんが入学した中高一貫進学校では、大学合格実績を出すことに非常に力を入れています。校内には「○○大学合格○○人！」と、有名難関大学の合格実績がいつも貼りだされていて、常にプレッシャーをかけられるそうです。お母さんは「息子の成績が悪かったので、中学の時から何度も面談で転校を勧められました。授業についてこられないなら転校したほうが本人のためという説明でした。勉強しない生徒はいらない、とも言われました」と嘆きます。こうした指導が行われているため、同級生の約1

割もの生徒が中学3年間の間に辞めていきました。結局、ヤスユキくんはギリギリのところで高校に進学できましたが、親身でない対応をされて、親も子も学校側に不信感しかないようです。

このような私立校の対応は珍しいことではなく、私たちはよく相談を受けます。義務教育である中学校のうちは、私立中学校を退学して、公立中学校に転校するケースも少なくありません。

2005年には東京都の公立中の校長からなる東京都中学校長会が「安易な退学処分の自粛」を東京私立中学高等学校協会に申し入れる事態も発生しています。私立側はこれに反論していますが、その後、両者の間で話し合いが行われて紳士協定が結ばれ、それ以来「私立中学の退学者数調査はしているが、データは公表しない」(東京都中学校長会)ということになっています。

公表しないということは、どれだけの数なのか、推して知るべきでしょう。

女子校の闇

私立校が不登校を生むもうひとつの現状に、女子校独特の問題があります。公立校の多くは共学なので、女子校といえば私立であることが多いです。

女子間でのトラブルは（私が男だからかもしれないですが）、男子間でのそれよりも目に見えにくい印象です。もちろん校風にもよりますが、閉鎖的な環境だと陰湿なトラブルに発展しやすいです。

女子同士のいじめにあって、不登校になった生徒の実例です。

【アスカさんの事例】（現在高校1年生。中学までは共学の公立校で、高校受験で女子校に入学、いじめを受けて不登校になり退学、現在は通信制高校に在籍）

アスカさんは中学の部活で経験した、女子だけの雰囲気に居心地のよさを感じていました。見学に行った女子高でも先輩たちが生き生きとしているように見えて、制服がかわいかったこともあり、第1志望ではなかったものの、その女子高を受験したそうです。

入学した直後は、女子同士なので素が出せて楽しく、すぐに友達と仲良くなったといいます。悩み相談もしやすく、男子の目がないので思い切った挑戦もでき、部活での先輩後輩の仲の良さも嬉しく思っていました。
しかし、アスカさんと友達の間で、あるトラブルが発生すると、急に地獄に落ちたかのような気分を味わったというのです。相手の気が強すぎて、アスカさんへのいじめの歯止めがきかなくなったそうです。いじめはまわりの生徒にも伝染していき、アスカさんはクラス全体の雰囲気に耐えられなくなりました。自分が思い描いていた女子校ライフと現実があまりにも違い、学校を休みがちになり、不登校で退学へ追い込まれました。

また、学力の高い女子校では、大学合格実績をあげようとするあまり、男子校以上に多くの課題を課している学校が一部あります。女子短大が廃止されたり、女子大学の人気が低下してきたりしているのに比例して、女子中学校や女子高校の人気も低下しています。それを食い止めるには、大学合格実績をあげることが必要なのです。そのため、勉強面での厳しさから、脱落する生徒が出てしまうのです。

さらに、女子校ではOGが卒業後にその学校の教師として戻ってくることが多いのも特徴ですが、そういったOGの先生が幅を利かせていて、生徒をいじめているケースもあります。「私の時代ではこうだったのよ」と立場を利用して、逆らえない生徒を追い詰めていくのです。私が相談を受けたケースでは、小学校から高校までの一貫女子校でした。先生の評価がないと進級してコース別になる時に上のコースに進級できないので、先生に逆らえず、理不尽ないじめに苦しんで不登校になったという生徒がいました。先生がOGでない場合でも、同性同士の妬みなどがあるのでしょうか、特定の生徒への嫌がらせが続くケースもあります。

ひきこもりに男子が多い理由

ここで、女子の不登校・ひきこもりの傾向を述べたいと思います。全般的に、不登校やひきこもりの調査などでは男女比が約7対3となっていることがほとんどで、当会でも、在籍者・相談者ともに8対2の男女比率になっています。ひきこもりは男子のほうが多く、女子のほうが少ないのが現状です。なぜなら、ひきこもりになる原因のひとつに父親の不在があるからだと私は考えています（これについては第4章で詳しく述べます）。

仕事で忙しくて家に父親の存在感がなかったり、単身赴任だったりすると、男子は父親による制御がききません。父親がガツンと言えば、お父さんが怖くて不登校でも学校に戻っていくケースもよくあるのですが、お父さんがいないのでそれがありません。すると男子はお母さんに対しては「うるせえ、ババア！」などと言って手を出すことすらあります。結局お母さんの手に負えなくなって相談に来るケースがほとんどです。一方、女子の場合は、父親不在でも、女同士でお母さんと仲良くショッピングしたりできることが多いので、お母さんの制御がある程度働き、不登校やひきこもりにまで至らないですむことが多い傾向を感じます。

女子の不登校の多くは、同性間のいじめが発端になっています。経験則ですが、女子のいじめは陰口が主です。表面上は先生のいうことを聞いて仲良くやっていても、SNSや裏サイトで「死ね」「バカ」などと書き込んでいたりします。相談を受けたなかには、訴訟沙汰になったケースもありました。こういった陰湿ないじめのせいで学校から足が遠のき、次第に勉強にもついていけなくなってしまいます。男子は自らサボって成績不振を招いているケースがほとんどですが、女子の場合は成績不振になってしまった発端がいじめであることが多いようです。

スポーツ推薦は退部＝退学？

もうひとつ、私立校で不登校や退学になりやすい背景に、スポーツ推薦制度があります。

昨年は日本大学アメリカンフットボール部の悪質タックル事件を皮切りに、スポーツ現場でのパワハラ問題が相次ぎましたが、事の本質は同じです。朝日新聞記者の中小路徹《なかこうじとおる》さんのスポーツ推薦や部活動の問題に迫った『脱ブラック部活』（洋泉社）という本にも詳しく現状が書かれています（私もこの取材に協力しています）。

スポーツの強豪校では、部活動の成績が学校の知名度や評価に直結しますから、監督やコーチも、勝てれば何をやってもいいといったマインドになりがちです。先輩からのしごき、いじめもあります。

相談を受けたあるケースでは、柔道部で先輩からのいじめがありました。団体戦に出られる選手は1年生から3年生までを含めて5人だけなので、実力のある1年生が、試合に出られない3年生の先輩に猛烈ないじめを受けるのです。こうしたことはたいてい、大人が見ていないところで起こります。相談に来た生徒は、先輩から「締め技ってこうなんだぞ」と死にそうになるくらいの技をかけられたり、わざと耳をつぶされたり、指一本だけを持って背負い投げされて、けがをしたりしたといいます。
こうしたパワハラを受けて部活を辞めようとしても、スポーツ推薦で入学した場合、部活を辞めてしまうと、事実上高校生活自体を続けられなくなります。部活のスポーツばかりをやらされて、きちんと勉強を教えてもらっていないので、スポーツ推薦の生徒が在籍するコース以外の普通コースに移れないのです。実際にあったハルトくん、リュウタくんの例をあげます。

【ハルトくんの事例】（現在、通信制高校2年生。野球のスポーツ推薦で高校入学後、不登校になり、退学）

ハルトくんはWBC（ワールド・ベースボール・クラシック）でのイチロー選手の活躍に憧れて、小学校2年生から野球を始めました。地元のクラブチームに所属し、小学校6年生の時にはキャプテンを務めました。ハルトくんがキャプテンの時、チームは大会ベスト4という好成績を残し、中学でハルトくんはさらに有名なクラブチームに所属して活躍しました。中学3年生の時、ある大会で活躍したハルトくんが、都心の私立高校のスカウトの目に留まり、チームの監督の薦めもあり、この私立高にスポーツ推薦で入学しました。

順風満帆に見えたハルトくんでしたが、野球部のグラウンドが電車で1時間以上かかる郊外にあったのが誤算でした。朝は5時に家を出て、朝練をこなしてから授業を受け、放課後に部活でみっちり練習して帰宅すると、いつも夜10時をまわっていました。監督や先輩からのいじめはなかったものの、あまりに厳しく長時間にわたる練習で、身も心もすり減ってしまったのです。

勉強して大学進学を目指す普通コースと、部活で結果を出して推薦で大学進学を目指すスポーツコースでは、校舎の場所も違い、グラウンドのすぐ隣がスポーツコースの校舎でした。当然、部活を休んだのに、学校だけに行ける雰囲気ではありません。ハルトくんは部活に出なくなると同時に、学校にも行かなくなりました。行かなくなって1週間くらいしてから、学校だけに行ってみたのですが、ハルトくんが教室に来ただけで、クラスの空気が一変したといいます。「異様な空気で、とてもその場にいられませんでした」とハルトくんは振り返ります。スポーツコースから普通コースへすぐ移りたいと学校へ願い出たものの、受け入れてもらえず、それ以来、学校へは一度も行かず、1年間ひきこもってゲームばかりしていたそうです。その後、ひきこもりから脱出して、通信制高校に編入学しました。

ハルトくんは「スポーツ推薦で入学すると、あまり勉強は教えてもらえずにスポーツばかりやらされますが、そのスポーツがうまくいかなくなったら、学校にいられず、進学の道も閉ざされてしまいます。将来生きていくためには、やはり勉強して高卒資格を取ったり、大学に進学したりすることが大事です」と言い、今は大学受験に向けて勉強しています。

【リュウタくんの事例】（現在、通信制高校2年生。サッカーのスポーツ推薦で私立高校に入学し、先輩から執拗ないじめを受けて退学。その後通信制高校で高卒資格取得を目指している）

リュウタくんは幼稚園生の時にサッカーを始め、地元のクラブチームでめきめきと力をつけて、小学生の時は全国大会で活躍し、海外へサッカー留学していました。現地では朝から昼までサッカーの練習で、昼ご飯の時だけ日本語学校へ行き、ご飯を食べながら勉強しました。午後はまたサッカーの練習をして、サッカー漬けの毎日を送っていました。中学校3年生で日本へ帰国すると、全国の高校からスポーツ推薦入学のオファーが来たといいます。

そのなかのひとつのサッカー名門高校に進学しましたが、リュウタくんは1年生なのに最初からレギュラーで特別待遇だったことが、先輩たちのいじめにつながりました。いじめをするのは、レギュラー以外の2年生、3年生です。部室に呼び出され、先輩たちに周りを囲まれて、スパイクで体を蹴られるなどの暴行を受けました。いじめは半年くらい続いたといいます。監督もまるで独裁者のようで、自分の思った通りにしないと、試合にも出してもらえず、個人攻撃されたそうです。「自分のプレーの質も落ちるし、モチベーションもなくなった」とリュウタくんは退学しました。現在は通信制高校で高校卒業資格を取るのを目標にしながら、同時にクラブチームでサッカーの練習をしてプロを目指しています。

これまで見てきたように、私立校で不登校や中退、ひきこもりが生まれる背景はさまざまです。ただ、学校側がその対策をとっているかどうかといえば、私は不十分だと考えています。

スクールカウンセラーへの過剰な期待

私立側が不登校対策としてよくあげているのが、スクールカウンセラーです。「スクールカウンセラーが週に3日来ているので相談できます」などと、胸をはって言いますが、私に言わせれば、何の解決にもなりません。

なぜかというと、カウンセラーは聞くだけだからです。受容して肯定するだけなのです。「不登校なのです。どうしたらいいですか」と相談しても、「そうなのね、不登校なのね」と言うだけ、肯定するだけで終わってしまいます。確かに生徒や親の気持ちを肯定することも非常に大事ですが、そこから先に進めません。

また、スクールカウンセラーは外部委託の場合が多く、学校内の人間関係もほぼわかっていません。「A先生がこうで、B先生がこう言った」と相談されても、わかってあげられないのです。「ああ、B先生、ちょっと面倒臭いところあるよね」などと生徒に共感してあげることもできません。ですから、適切なアドバイスをしにくいのです。「スクールカウンセラーに相談して、カウンセラーさんと仲良くなったはいいけど、その後、結局何も事態は変わらず困っています」といって当会に相談に来るケースはよくあります。

当たり前ですが、先生は自分のクラスの担任だけでなく、教科ごとにいます。９教科あれば９人の先生がいるわけです。担任の先生に悩みを相談できればいいのですが、担任の先生と相性が合わない場合もあります。それなら別の先生に相談すればいいのです。すると、学校内の人間関係もよくわかっているので、生徒の納得するアドバイスができるのですが、最近多い外部委託のカウンセラーでは、ほとんど話が通じなくなっているのです。

不登校の子が学校へ行くようになるために、ひきこもりの子が自分の部屋から出てくるために必要なのは、カウンセラーのような自分と全く違うポジションにいる人ではありません。一番効果があるのは、**親でも先生でもない、ちょっと前まで自分と同じ体験をしていたような、同じくらいの年齢の友達と関わること**なのです。詳しくは第５章でふれます。

適応指導教室の使いにくさ

また、不登校対策として各自治体の教育委員会が設置・運営する教育支援センターの**適応指導教室を、私立中学校在籍の生徒が利用しにくい**点も問題です。

一般的に公立中学校で不登校になった場合、適応指導教室に通うことを勧められます。出席した日数が中学校の出席日数に数えられることになっているので、ここに通いながら、徐々に中学校への復帰をはかっていけるのです。

しかし、私立中学校で不登校になった場合、本来なら適応指導教室も利用できるはずですが、ほとんど利用できていません。

その理由のひとつに、プライドが邪魔をして通えないということがあげられます。「○○ちゃんは有名私立のA中学に行ったのに、適応指導教室に来ている」と地元の人の恰好の噂の種になってしまうからです。噂はまたたくまに広まりますから、心理的なプライドがあると、国や自治体がとっている不登校対策のメリットを享受することがなかなかできない面があります。

もうひとつの理由は、適応指導教室側も、公立在籍者のための施設と謳《うた》っていて、私立在籍者が利用しにくい雰囲気があることです。各適応指導教室のホームページを見ても、「長期間登校できない区立小中学校に在籍する子どものための教室」とか、対象児童・生徒に「○○市立小・中学校に在籍している児童生徒」と明記しているため、私立に通っている生徒には利用しにくいのです。あからさまに「公立に在籍していないなら、利用できません」と断られることもあります。本来なら誰もが通えるべき施設であるのに、これは問題だといえます。

私は東京23区内の適応指導教室を全部まわって調査しましたが、公立小中学校の元校長や元副校長などが教室の責任者を任され、教育委員会から委託を受けて運営されているところが多いです。つまり彼らは不登校の専門家ではないので、出席する生徒にはきちんと授業をしますが、不登校でひきこもっている生徒を適応指導教室に来させること自体は難しいと考えられます。

また、実際に私が聞いた限りでは、「こちら（適応指導教室）に通ってくる子どもより、むしろ、利用していない子どもの数が多い」と話す先生も少なくありませんでした。適応指導教室も在籍者が100名を超える所があり、そういった教室では在籍校と同じように授業があるので、「学校が嫌だ」という子どもにとってはハードルが高くなっているのが理由です。

また、地域によって指導の仕方にばらつきがあります。そもそも学校に行かないという子どもたちが対象なのだから、学校と同じことをするべきではないといって、全く授業を行わない教室もあります。出席のカウントだけとって、あとは各自がフリースクールや塾に行くというところもあるのです。

適応指導教室は小中学生だけが対象で、高校生は対象になっていないことも問題です。貧困対策として考えると、不登校のために中卒や高校中退であった場合、仕事に就くのは非常に困難ですから、高校卒業までのケアを国や自治体がするべきだと私は考えています。

私立中学校に進んだ場合は、こうした公的なセーフティーネットが使いづらいことが、デメリットのひとつなのです。

東京と大阪だけの制度

私立校の不登校対策が不十分であることを述べてきましたが、ごくごくまれに、全日制と通信制の両方を設置している私立校もあります。このような学校では、生徒の様子を見ながら、不登校になってしまったら通信制に移籍、また学校に行けるようになった場合は全日制のほうに移籍できるなどという措置がとられているようです。

また、高校（公立・私立）に入学して学校の雰囲気に合わなかったり、不登校になったりしたら、転校という手も考えられます。しかし、たいていの場合、公立高校への転入学や編入学が認められるのは、一家全員がその都道府県に転入居してきた場合です。一家全員が転入しない場合で、公立高校で学期ごとに補欠募集転編入学試験を実施しているのは、東京都と大阪府だけです。まれに、一家全員が県外から転入しなくても高校の校長間での協議によって認められることもありますが、非常に少ないです。

この東京都と大阪府の公立高校の補欠募集転編入学試験制度がもっと認知され、他県でも同様の取り組みを行えば、高校中退者が減少する可能性があると思っています。ただ、この試験の合格率はたいてい30パーセントくらいなので、試験のための勉強がかなり必要です。

また、私立高校への転入学編入学については、学校によって違いますが、そもそも転入や編入ができない学校が多く、できたとしても募集人数が非常に少なく、あまり実施されていないのが現状です。

性的マイノリティへの心づかい

それから、これは公立・私立に関係なく、**性的マイノリティの生徒への理解が少ないこと**が不登校になる理由のひとつにあげられます。非常に難しくデリケートな問題ですが、生徒の性のありようがどんなものであっても、その生徒が居心地よく、ありのままの自分でいられるような環境づくりが大切なのは当然です。制度や施設の整備はもちろん、何より学校の雰囲気づくり、ほかの生徒の理解を進めることが重要です。性的マイノリティで、学校への適応が難しいと感じた結果、不登校になってしまった生徒の実例をあげます。

【ヒカルの事例】（現在、通信制高校1年生。中学受験をして、公立の中高一貫校へ進学。第1志望校だったものの、進学直後から不登校となり、軽度のひきこもりを経験、中学卒業と同時に学校を辞め、翌4月から通信制高校に通いながら、当会の学生インターンを経験して自信をつけ、大学の法学部を目指して勉強中）

ヒカル（あえて「くん」「さん」はつけていません）は、女の子として生まれましたが、幼稚園生くらいのころから、自分がまわりと少し違うと感じていたといいます。世の中に男女の役割があるのに気付き、それに違和感を抱いたのです。その気持ちが確信に変わったのは、中学に入ってすぐのころです。ユニクロにパジャマを買いに行ったのですが、レディースの合うサイズがなかったので、メンズのSサイズを買いました。着てみて、ものすごい衝撃を受けたといいます。「自分の外見にしっくりきて、自分の性的な魅力というものに気づいて、自分は女性じゃないんだと自覚しました」とヒカルが当時を振り返ります。ヒカルの通う中学は制服にスカートとスラックスの両方が着用できたので、それからはスラックスを着用するようになりました。性別など関係なく誰でもスラックスを着用できるので、学校としては、ある程度性的マイノリティへの配慮があったのかもしれません。しかし、学校は全体的に厳格な雰囲気だったので、ヒカルは自分自身を表現できずに抑え込み、息苦しさを感じていました。友達にも先生にも相談できなかったといいます。当時は自分が何者かというのがはっきりわからず、次第に「自分はダメな人間なんだ」と思い込むようになり、学校に通えなくなってしまいました。親は仕事が忙しかったため、相談できなかったそうです。誰にも相談できずにつらい状況が続き、ヒカルはついに自殺未遂を起こします。それでやっと、親もヒカルの状況に気づいたのです。

父親から当会に連絡があったのは、ヒカルが中3の3月でした。通信制高校への入学を模索しているなかで、当会に相談がありました。初日に見学に来た時、スタッフの竹村と生徒たちで、任天堂のゲーム機Ｗｉｉでマリオカートをしている最中でした。当時、生徒の朝の登校を促すために、朝早く来たらそのゲームをやっていいことにしていたのですが、ちょうどその時にヒカルが来たのです。竹村が一緒にやらないかと誘うと、すぐに参加しました。ヒカルが当時を振り返ります。「先生がゲームしているなんて、こんなに自由に生きていいんだと感じました。その時から徐々に、ここなら、私も認めてもらえると感じるようになっていったのです。何時間もずっと椅子に縛り付けられなくていいし、自由に話をしてもいい、勉強したいときはしてもいいし、自分のペースに合わせて、自分を尊重してくれる。こんな自分でも前に進めるんだと感じたのです」。

4月は様子見をしているような感じでしたが、7月には毎日登校できるようになりました。そして、生徒のみんなが見る生徒日記に、ヒカルは自分が「Ｘジェンダー」であることを自分で書き込み、ホームルームの時に「私はＸジェンダーで、女の子ではありません」と、はっきり告白しました。私もヒカルに教えられて初めて知ったのですが、

LGBT（レズビアン・ゲイ・バイセクシャル・トランスジェンダーの総称）にも当てはまらない、性自認（自分がどちらの性であるかという認識）が女性でも男性でもない立場の人のことをXジェンダーというそうです。その理由は多種多様で、女性でも男性でもある場合もあったり、中性であったり、男性でも女性でもない第3の性別であったり、性別が流動的にそのときどきによって変わる場合であったり、わからない場合もあったり、個人によってさまざまなケースがあるのだそうです。

告白した時には、生徒たちから素直に「よくわからないんだけど、どういうこと」「つまり、男と女どっちで扱えばいいの」などと質問があがり、ヒカルはそれぞれにていねいに答えていました。ヒカルは「気持ち悪いとか、理解できない、というようなことは誰も言わないでくれて、自分のことを存在として認めつつ、その子なりの意見を言ってくれて、興味を持って聞いてくれたのがうれしかったのです」といいます。他の生徒たちが、ヒカルがどうありたいのかを認めて同じ同級生として接するようになって、ヒカルは自分を表現できるようになり、気持ちがとても楽になったのです。

夏からは学生インターンになり、さまざまな仕事を任せるようになりました。自己主張も強くできるようになり、スタッフにも意見をどんどん伝え出しました。将来は法律について学び、社会に貢献できるようになりたいと考えはじめ、今は大学の法学部を目指して勉強しています。

性的マイノリティの生徒に対しての整備、環境づくりが進んでいる全日制の学校はほとんどないでしょう。しかしそれが、ヒカルのような生徒を不登校やひきこもり、自殺未遂にまで追い込んでいます。バリアフリートイレの設置など設備を整えることも大切ですが、何よりも重要なのは、まわりの先生、生徒の理解を進めることです。どんな性のありようであっても、生徒がありのままの自分を表現できる環境にすることが大切です。

各学校のメリットとデメリット

不登校や退学、ひきこもりなどになった場合の、公立校、私立校など、それぞれの学校のメリットとデメリットを**図表7**にまとめました。

文部科学省が指摘する通り、現代ではどんな子でも不登校になる可能性があります。子どもが小学生や中学生であれば、もしかしたら不登校になるかもしれないという可能性も考えて、中学校選び、高校選びをすることをお勧めします。

子どもが不登校になると、本人も親も大きな精神的ダメージを受けます。しかし、対策があることを知っておけば、そこまで大きなダメージを受けなくて済みます。通っている学校の対策がどの程度なのかを知り、また、不登校になっても、フリースクールや定時制高校、通信制高校などの道があり、そこから、高校卒業を目指したり、大学進学を目指したりすることもできるのですから、早期に相談できる機関に相談して、解決の道を探していきましょう。

学校の種類	メリット	デメリット
定時制高校	・通学が毎日あるので、ひきこもりから生活習慣を立て直しやすい。 ・高校卒業資格が取れる。 ・東京都では内申書の提出が不要なチャレンジスクール(3部制)が5校あり、不登校・ひきこもりの生徒でも入学しやすい。	・特に公立の定時制では中退率が高く、高1で17.7%、高2で11.3%が退学してしまう。
通信制高校	・1年分のレポートを終わらせようと思えば、10日前後で終わるので、余った時間を自分の好きなことに注ぎ込むことができる。予備校や塾に通う、スポーツのプロを目指す、タレント活動をするなど。 ・レポートを提出してスクーリングに出席すれば、高校卒業資格が得られる。 ・大手の通信制高校（サポート校含む）では、大学の指定校推薦枠もあり、有名校の推薦もある。	・通信制高校単体では、1人で学習し、生活習慣を保つのは困難。そのため、指導をしてくれるサポート校が必要となり、通信制高校の授業料のほかに、サポート校授業料もかかってしまう。 ・毎日登校する訓練をしにくいので、たとえ通信制を卒業しても、その後の進路先（大学や就職先）で毎日通えるかどうかの不安が残る。 ・退学率は全日制と比べると高く、再度不登校になって中退するリスクもある(公立全日制0.8%、私立全日制1.2%に比べると、公立通信制は6.3%、私立通信制は4.2%)。

出典：データは文部科学省「平成29年度児童生徒の問題行動・不登校等生徒指導上の諸課題に関する調査結果について」平成30年10月25日発表（速報値）より

図表7　不登校・退学・ひきこもりになった場合の学校別のメリット・デメリット

学校の種類	メリット	デメリット
公立中学校	•不登校対策として、適応指導教室が利用できる。	•先生の人事異動が多く、長期的な生徒のケアができない。
私立中学校	•大学受験まで効率的に勉強できる。 •先生の人事異動がほとんどなく長期にわたって勤める傾向があるため、長期的に生徒のケアができる。	•難関校ほど不登校対策がほとんどとられていない。スクールカウンセラーがいる場合でもあまり機能していない。
公立高校	•東京都と大阪府では、学校が合わないという理由でも、転学が可能で、事前の自主退学届けは不要。 •高校中退対策として、青少年リスタートプレイス（東京都）などの取り組みを行っていて、フリーターやひきこもりにならないように対策をとっている。	•先生の人事異動が多く、長期的な生徒のケアができない。
私立高校	•先生の人事異動がほとんどなく長期にわたって勤める傾向があるため、長期的に生徒のケアができる。 •非常にまれではあるが、同じ高校で全日制と通信制の両方を設置している学校もあり、不登校になったら通信制のほうへ移籍できるなど柔軟な対応をとっている。	•東京都では都立への転学を申し出たら、自主退学届けを出してから転学試験を受けなければならず、試験に落ちれば即高校中退となってしまう。 •高校中退後の進路指導が全くない。
フリースクール	•居場所としての価値はあり、長期の不登校やひきこもりから脱出していく段階としての機能があり、さまざまなイベント、行事を通して、社会性、コミュニケーション能力を醸成できる。	•授業がきちんと行われていないので、学力をつけるのが難しい。 •高校卒業資格を取れない。 •授業料も高い場合が多い。

第3章

全日型通信制サポート校の意義

「受け皿」としての通信制高校

ここまで、不登校や高校中退の現状やその背景について見てきましたが、不登校や成績不振から高校を中退してしまった生徒の事実上の受け皿になっているのが、通信制高校です。

実際、通信制高校の数も、その生徒数も年々増加しています。次ページの**図表8**の通り、2018年度の「学校基本調査」によると、通信制高校は252校あり、2000年度の同調査では113校でしたから、2倍以上増加しています。また、生徒数は18万6580人で、前年度より4065人も増加しています。一方、定時制課程（本科）の生徒数は約10万人少ない8万5095人で、前年より4439人減少しています。

かつては通信制よりも定時制のほうが学校数も生徒数も多く、世間的にも認知されていましたが、現在では逆の傾向になっています。

ひと昔前の通信制は、公立の定時制高校、なかでもいわゆる伝統校に併設されていた形でしたが、現在では私立の通信制高校が大幅に増えている状況です。**図表9**にあるように、公立が78校なのに対し、私立が174校となっています。

これは高校中退後の受け皿としてはもちろん、中学卒業後の進路先として最初から通信制

図表８　定時制・通信制課程の生徒数

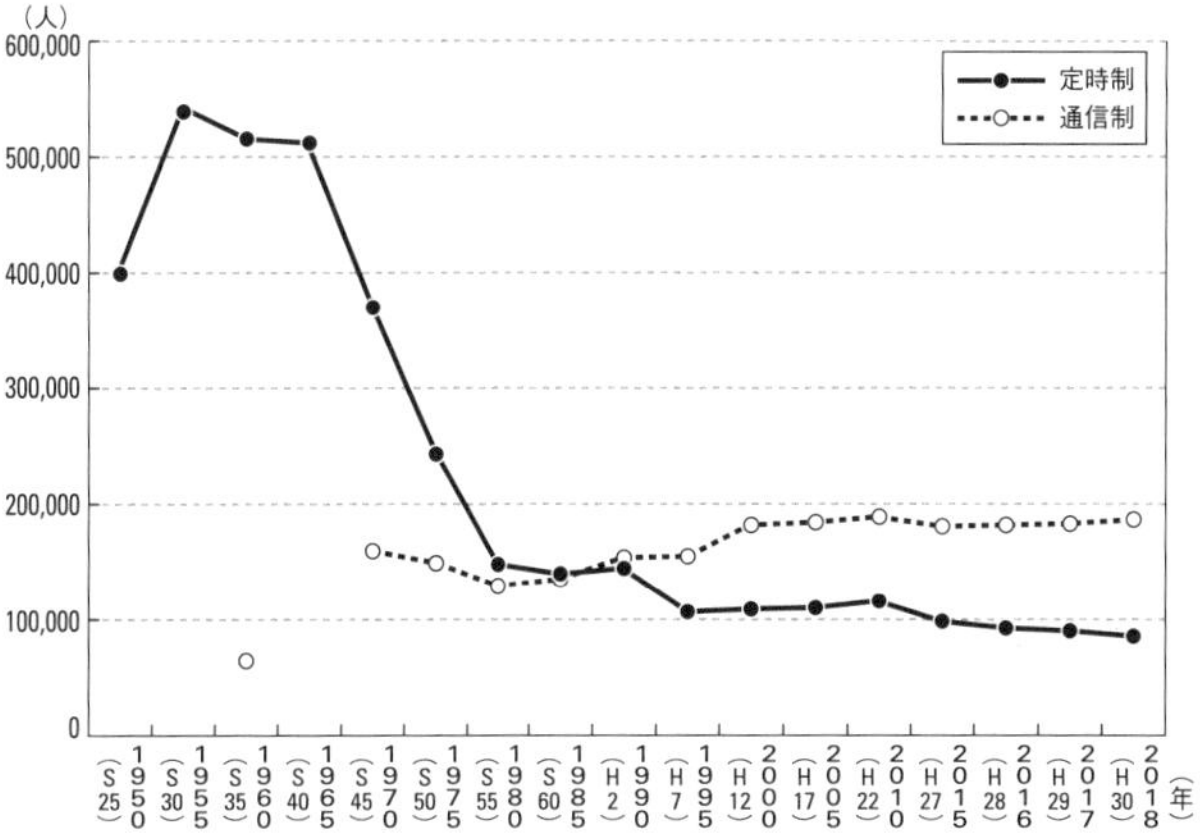

出典：文部科学省「学校基本調査」を基に作成
※空白部分はデータなし

高校を選ぶ生徒も増えているからです。

かつて、通信制高校といえば、仕事などを持ちながら学んでいる生徒が多く、昭和57年度は67・８パーセントが定職またはアルバイトなど何らかの仕事を持っていましたが、平成６年度は53・６パーセント、平成23年度では35・４パーセントと年々減少しています（文部科学省平成23年度「定時制課程・通信制課程高等学校の現状」より）。東京都の調査では、平成30年３月に公立中学校を卒業して通信制高校に進んだ２３５４人のうち、就職しているのは13人と非常に少ない割合です。前出の文部科学省の調査では、不登校経験者が多く在籍し

図表9　通信制高校の学校数の推移

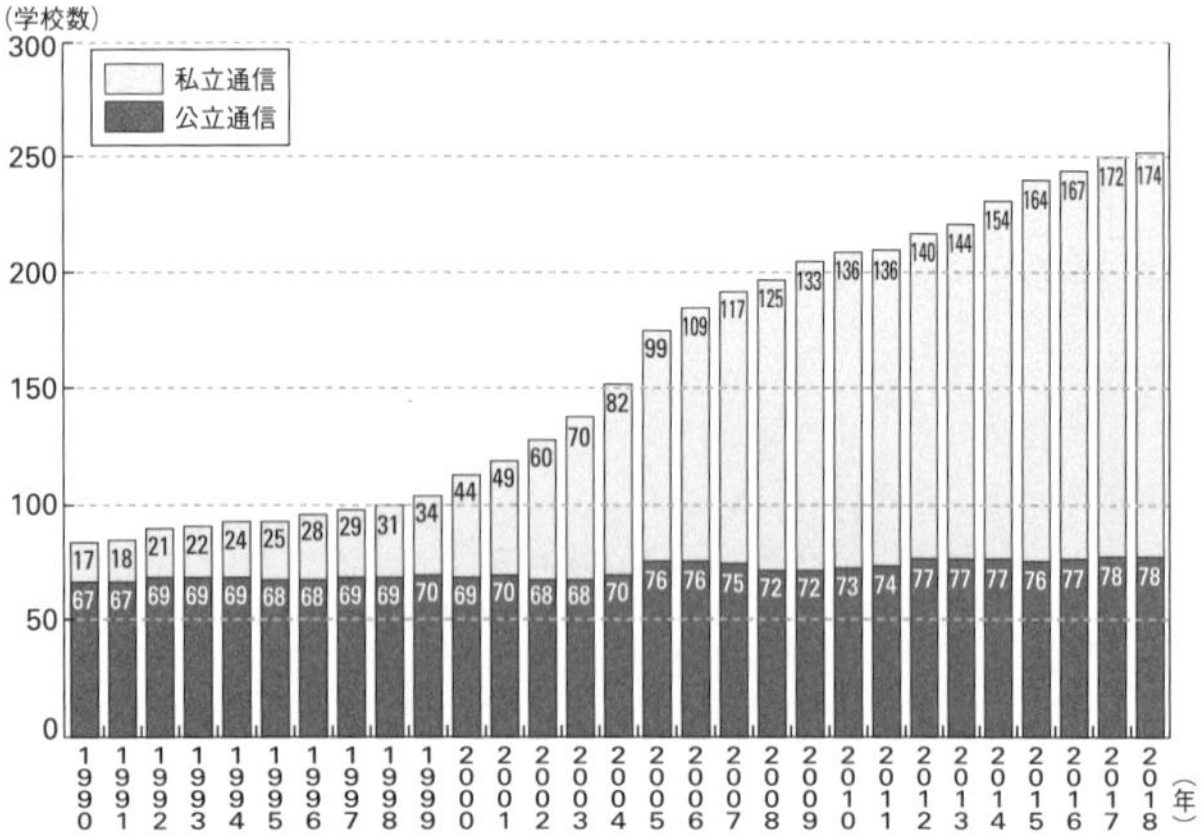

出典：文部科学省「学校基本調査」を基に作成

ていて、通信制高校の14・6パーセントが不登校経験者ということもわかっています。

つまり、かつての通信制高校とは仕事やアルバイトをしながら通うものでしたが、現在では公立や私立の中学校で不登校になってしまった場合に、高校では最初から通信制を選ぶパターンが増えているのです。さらに、全日制の高校に進んだ場合でも、不登校になったり、中退になったりした場合に、通信制に転入学・編入学するケースが多いので、通信制の生徒が増加しています。学校基本調査では約18万人ですが、これは年度はじめの人数ですので、学年の途中から転入学・編入学する生徒を合わせると、さらに多くの生徒が通っていることになります。

通信制と定時制の違い

通信制高校が定時制と違うのは、学校へ通う頻度です。定時制は昼間に仕事をして夜間に学校に来て授業を受ける生徒のための学校で（「昼夜間定時制」という、昼間に授業を行う部と夜間に授業を行う部の両方がある学校も存在します）、毎日通う必要があるのに対し、通信制では毎日学校に行く必要がありません。主に自宅や学校が設置する学習センター、またはサポート校で学ぶことができ、添削指導（レポート）および面接指導（スクーリング）、ならびに試験によって単位を取得し、卒業要件を満たすことで、高校卒業資格を得られます。

全日制の学校の多くが学年制なのに対し、通信制の学校のほとんどが単位制なのも特徴です。一般的な全日制の高校では、学年制がとられています。学校教育法によって、高校卒業資格を得るためには「必修科目を含む74単位」の取得が義務づけられています。1単位は、50分授業を35回分、つまり1時間の授業を夏休みなどの長期休暇を除いて1年通して受け続けて得られる単位です。74単位を3年間に分けて取得していくのが学年制です。1年生で必要な単位数を取得して2年生に進級していきますが、このとき、ひとつでも単位を取れなかった場合は、原級留置（留年）となり、1年生の単位全てをもう一度取り直さなくてはなりません。しかし、単位制の場合、学年にとらわれずに、取れなかった単位だけを翌年取得すれば問題ありません。つまり、留年せず自分のペースに合わせて学べるのです。

また、通信制高校のほとんどが、前籍の高校から転入してきた場合、前籍校で取得した単位をすでに取得した単位として数えます。

通信制高校は、広域《こういき》と狭域《きょういき》の2種類に分かれます。通信制高校は住んでいる地域によって入学できる学校に制限があり、全国、あるいは3つ以上の都道府県の生徒を募集する広域通信制高校と、学校のある県と隣接する1都道府県に住む生徒を募集する狭域通信制高校があり、狭域通信制高校の多くが公立校になっています。全日制の公立高校に併設されているタイプです。また、一部全日制の私立校に併設しているタイプもありますが、それもこの狭域通信制であることがほとんどです。

一方、広域通信制高校の多くは通信制課程だけを持つ私立校です。広域通信制高校では、本校以外に、通学地域がある各都道府県にサポート校を設置し、生徒のレポート作成などをサポートしています。あくまでサポートですから、通うのは自由ということになり、形式的には塾と同様とみなされています。面接指導（スクーリング）は本校で行わなければならないため、合宿などの形式で集中的に行うところが多いようです。

高卒認定と受験・就職差別

また、通信制高校を卒業すれば高校卒業資格が得られるのも、多くの人が通信制を選んでいる理由です。高等学校卒業程度認定試験（略して高卒認定、かつての大学入学資格検定、いわゆる大検にあたる試験）もありますが、これは大学受験の出願のための資格であって、大学に進学してこそ意味があるもので、これだけでは高卒の扱いにはなりません。最終学歴は中卒となってしまいます。文部科学省の調査でも、通信制に入学した動機は、45・8パーセントが、高卒資格が必要だと思ったからと答えています。実際問題として、中卒での就職は難しく、高校卒業資格が必要だと多くの人が考えているのです。

事実、高卒認定では不利益が出ているケースがあります。秋田大学医学部医学科で2012年春に行われた入試にて、高卒認定で受験した生徒が不当に不合格になったと朝日新聞が報道しています。家族が大学に点数開示させたところ、筆記試験はかなりの高得点でしたが、面接点を0点にされていたのです。面接では特に落ち度はなかったといいます。このように、高卒認定の取得者が差別されているケースがあるのです。

図表10　定時制課程・通信制課程に入学した動機・理由

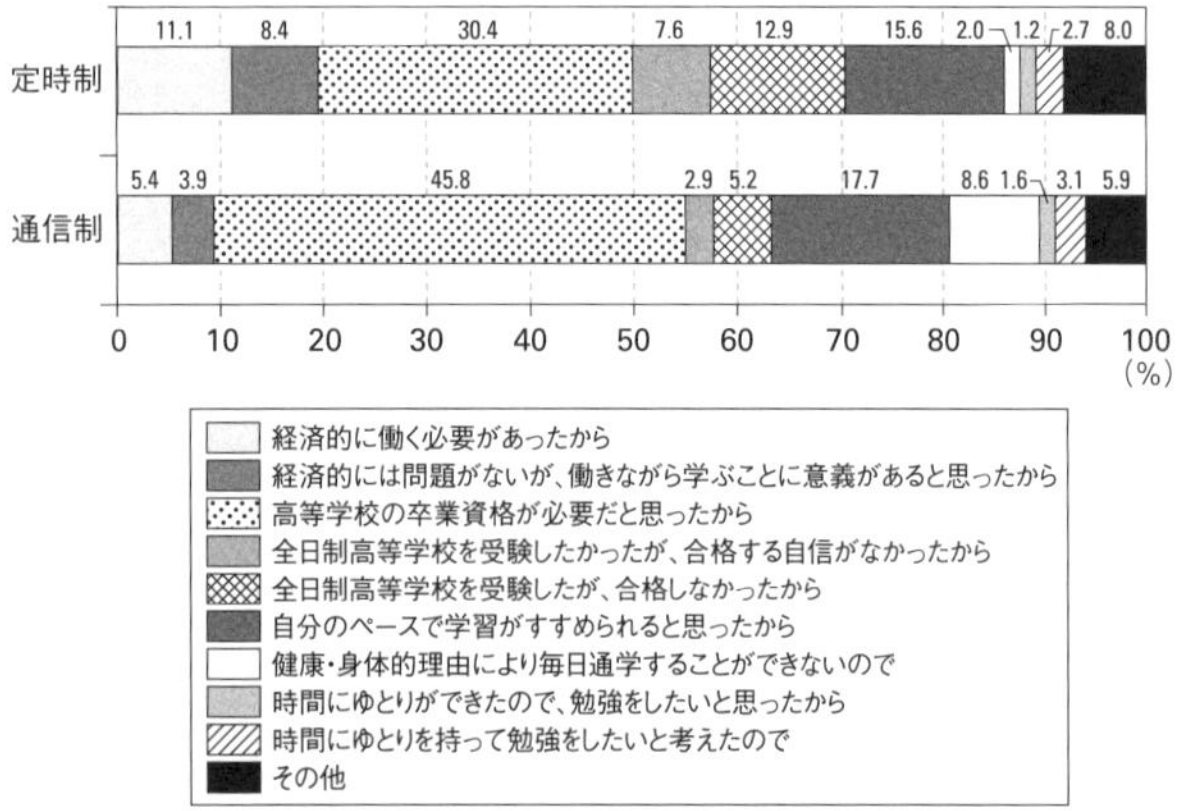

出典：平成23年度文部科学省委託事業「高等学校定時制課程・通信制課程の在り方に関する調査研究」（公益財団法人全国高等学校定時制通信制教育振興会）

また、就職でも高卒認定者は不利になるケースがあるようです。表面化してはいないものの、高卒認定の受験者と高卒の受験者では、差がつけられていることが多いように感じます。

実際、私の教え子たちが大検や高卒認定を取得して、大学受験あるいは就職活動で面接を受けると、「なぜ高校に行かなかったのですか」「集団生活は苦手なの？」など、厳しい質問を受けることが多いといいます。教え子たちは「自信があったけど落とされた」と一様に言うのです。

高卒認定は年に2回、8月と11月に試験があり、それぞれ2日間にわたって8～10科目のテストが行われます。高卒認定は単位をそろえやすく、大学や専門学校に素早くチャレンジできるメリットもありますが、そのメリットが、第三者からは安易に高校生活をすっ飛ばしたと映るのだと思います。要するに、このテストだけで資格を得た生徒と、３年間通って資格を得た生徒では、後者がより勤勉だと考えているのでしょう。高卒認定よりも通信制高校が選ばれている理由はそこにもあるのです。

ただし、最近では通信制高校のイメージも変わりつつあります。不登校の生徒の受け皿というだけでなく、特別な才能を持つ生徒がそれを伸ばすための学校でもあるという位置づけです。そのきっかけになったのが、角川ドワンゴ学園が経営するＮ高等学校です。２０１６年４月に開校した広域の単位制通信制高校で、単位取得のための時間を最小限に抑えて、プログラミングを本格的に学ぼうとする生徒にドワンゴのトップレベルのエンジニアが指導したり、高校生で起業したい生徒などを育てようとしています。

入学式に生徒がＶＲ（ヴァーチャルリアリティ）のヘッドギアをつけて参加する様子が報道されたり、２０１８年のフィギュアスケート・グランプリファイナルで優勝した紀平梨花《きひらりか》選手が同校の生徒と報道されたりして、話題になっています。

２０１９年４月には中等部も開校しましたが、現在の法律では義務教育期間中の生徒を対象にした通信制中学は認められていないため、生徒それぞれが中学校に在籍しながら通う形式をとっています。

サポート校の重要性

ここまで通信制高校全般について説明してきましたが、実際に通信制へ通う場合に極めて大事になってくるのが、サポート校です。サポート校は通信制高校と連携して、生徒の指導をするところです。建前としては、通信制高校のレポートは、自分ひとりでこなしても問題ないわけで、サポート校を利用しなくても構わないことになっています。サポート校はあくまでレポート作成を指導する民間の教育施設で、行政区分でいえば塾と同じ扱いになっています。

しかし、不登校だったり、成績不振で中退した経験があったりした生徒が、一人で全てできるでしょうか。全日制の学校に毎日行くのも難しいのに、どうやって自分一人で計画を立ててレポートを作成するのでしょうか。

不登校から中退して通信制に転編入しても、結局、毎日学校に行くことへの支援がなければ、また不登校になってしまいます。再度、不登校からひきこもりになってしまう可能性が高いのです。

実際、全日制高校では中退率が0・9パーセント（中退者数2万9558人）なのに対し、定時制では9・4パーセント（中退者数8430人）、通信制では4・9パーセント（中退者数8814人）と、中退率が高くなっています（平成29年度「児童生徒の問題行動・不登校等生徒指導上の諸課題に関する調査」より）。

そこで大事なのが、全日型通信制サポート校なのです。サポート校には週に1〜5日通えばよいわけですが、私は毎日通うことを勧めています。もちろん、不登校であった場合は、最初から毎日通うのは難しいでしょう。通えるようになるまでにはステップがあるからです。詳しくは第5章、6章で後述しますが、「毎日通う」、これが非常に大事なのです。

通信制高校自体はサポート校に毎日通わなくても卒業できますが、卒業後、大学や専門学校に進学するにしろ、社会人として働くにしろ、そこには毎日通うことが求められるわけです。今まで週に数日しか外出できなかったのが、急に毎日外出できるわけがありません。ですから、毎日通える全日型サポート校の意義は大きいといえます。また、毎日通うことによって、生活習慣が改善できます。規則正しい生活を送ることは、ひきこもりから脱出する第一歩であり、ひきこもりになるのを防ぐためにも欠かせない大事なことなのです。

「はじめに」で登場したユウキくんも、当会に毎日通うようになって、ひきこもりから脱出できましたが、高卒認定に合格して当会に通う必要がなくなってしまうと、再度のひきこもりになりかけてしまったのです。詳しくは第6章で述べていきますが、そのくらい、**毎日通わなければならない場所があることが大事**なのです。

玉石混淆のサポート校

とはいえ、通信制高校の増加に比例してサポート校も増加しているので、どの学校を選ぶか、どのサポート校を選ぶか、十分に注意しなければなりません。なぜなら、質の悪いところも増えて玉石混淆《ぎょくせきこんこう》になっているからです。

2016年には、ウィッツ青山学園高等学校が生徒をテーマパークに連れていき、お土産のお釣り計算で数学を履修できたとみなしたことで、問題になりました。さらに支援金の不正受給も発覚して、この学校は閉校しています（私たちも一時はウィッツ青山学園高校のサポート校として真面目に指導していたので、一部のサポート校で不正が行われていたことを報道で知り、怒り心頭に発しました。詳しくは「おわりに」で述べます）。もちろんきちんとした通信制高校もたくさんあるので、見極めが必要です。

サポート校が増加するなかで、塾がサポート校になるケースが目立ちます。自治体が無料の放課後塾などを運営したり、リクルート社が運営するスタディサプリ（スマートフォンでさまざまな教科の講義動画を観たり、問題集を利用したりできるサービス）が低料金で使えたりするため、塾には生徒がなかなか集まらず厳しい状況が続いていますから、新規事業としてサポート校を開設する塾が増えているのです。文部科学省では、サポート校には必ず教員免許を持った教師を1名以上置くことを定めていますので、この点を判断基準の一つとして確認することが必要です。

ただ、「儲からないから昼間にサポート校をやろうか」という低レベルな塾では、到底、本当に生徒のことを考えた支援はできないでしょう。なぜなら、不登校やひきこもりの生徒をサポート校へ登校させるには、非常に大きな手間暇がかかるからです。正直なところ、コストを考えたらこれほど商売にならないものはありません。ひきこもりから立ち直るためには、やはり先生やスタッフが粘り強く何度も訪問して連れ出す必要があります。人と人との関係性を作っていかなければなりません。親でもできないことをやるのです。時間も手間もかかる非常に大変な作業なのです。

私が代表を務める高卒支援会でも、通信制高校サポート校を併設しているので、毎日生徒に通ってもらうために、非常に大きな労力をかけています。

スタッフはまず、朝からＬＩＮＥで生徒たちに登校を促します。ひきこもりから復帰してきたばかりの生徒や、あまり登校できていない生徒、毎日遅刻してしまう生徒など、一人ひとりの生徒の状態に応じて、手法や頻度を変えて登校を促していきます。ＬＩＮＥでスタンプを連打するなど、さまざまな方法を実行するのです。

ＬＩＮＥで返信がなければ、電話をします。目が覚めるまで話し続けるのがコツです。電話で話をしても、切った後に二度寝をしてしまう生徒もいるので、家を出るまで電話で話し続けることもあります。カメラモードに切り替えさせて、顔を洗いに行く様子を確認したりもしています。こうした努力によって、なんとか生徒を登校させているのです。爆音をとどろかす有名な目覚まし時計もありますが、それですら慣れてくると起きない生徒が何人もいましたから、最終的にはこうした人海戦術が必要なのです。

これだけ細かく対応できるからこそ、ひきこもりの生徒を復帰させるのには、全日型サポート校に大きな意味があるのです（サポート校の全てがこうした対応をしているとは限りません）。

また、当会はＮＰＯであり、最初から通信制高校を勧めるわけではありません。相談に応じて、都立高校の再受験、転編入や補欠募集の試験を受けることを勧める場合もありますし、高卒認定を目指す場合もありますし、通信制高校で高卒資格を得るのを勧める場合もあります。まずはその生徒にとって何が重要か、何がベストかを一緒に考えていきます。

こうした中立の立場の機関があまりないのも問題だと考えています。親子が通信制高校へ相談に行った場合、すぐにそこへ入学することを勧められます。一方、教育委員会に相談に行った場合、都立高校への進学、転編入を念頭において相談が進められます（東京都の場合）。このように、相談した機関に関連する学校に入学（転編入）することを勧めるだけで、他の選択肢を提示してくれるところはほとんどないように思われます。ですから、子どもが不登校、中退、ひきこもりになった場合、より多くの可能性を探るために、中立の立場のところへ相談に行くのが最善だと思います。

そもそも、不登校やひきこもりからの立ち直り方は、決まった方法があるわけではなく、十人十色です。３つの方法――①規則正しい生活をする、②自律して自信をつける、③社会貢献をする――というステップを踏んでいくのは同じですが、特定の学校や方法を押し付けることが正解とは限りません。通信制高校、定時制高校、高卒認定、海外留学、就職、アルバイト……など、さまざまな方法が考えられます。本人が将来やりたいことを見据えて、トータル的にステップを踏んで、立ち直る手順を考える必要があります。

当会以外に中立の立場で相談できるところとしては、子どもが在籍している学校、不登校やひきこもりの親の会、カウンセラーなどが考えられます。

保護者同士で話せる場を

ここまでサポート校の重要性やその意義を説明してきましたが、さらに大きな意義があるのが、同じ悩みを持つ保護者同士が話せる保護者会です。当会では保護者会を毎月実施しています（サポート校の全てで、保護者会が実施されているとは限りません）。

この保護者会には、当会に通っている生徒の保護者だけでなく、不登校やひきこもりが続き通えていない生徒の保護者にも出席してもらっています。生徒と保護者の状況を知ることで、私たちスタッフもその子に合った対策を提案できるのです。

毎月顔を合わせて話していると、お母さんやお父さんの考え方や子どもへの接し方、子どもがどんな状況にあるかもわかってきます。すると、「今こんな状況で、こんなふうになっ

図表11　各組織のポジショニングマップ

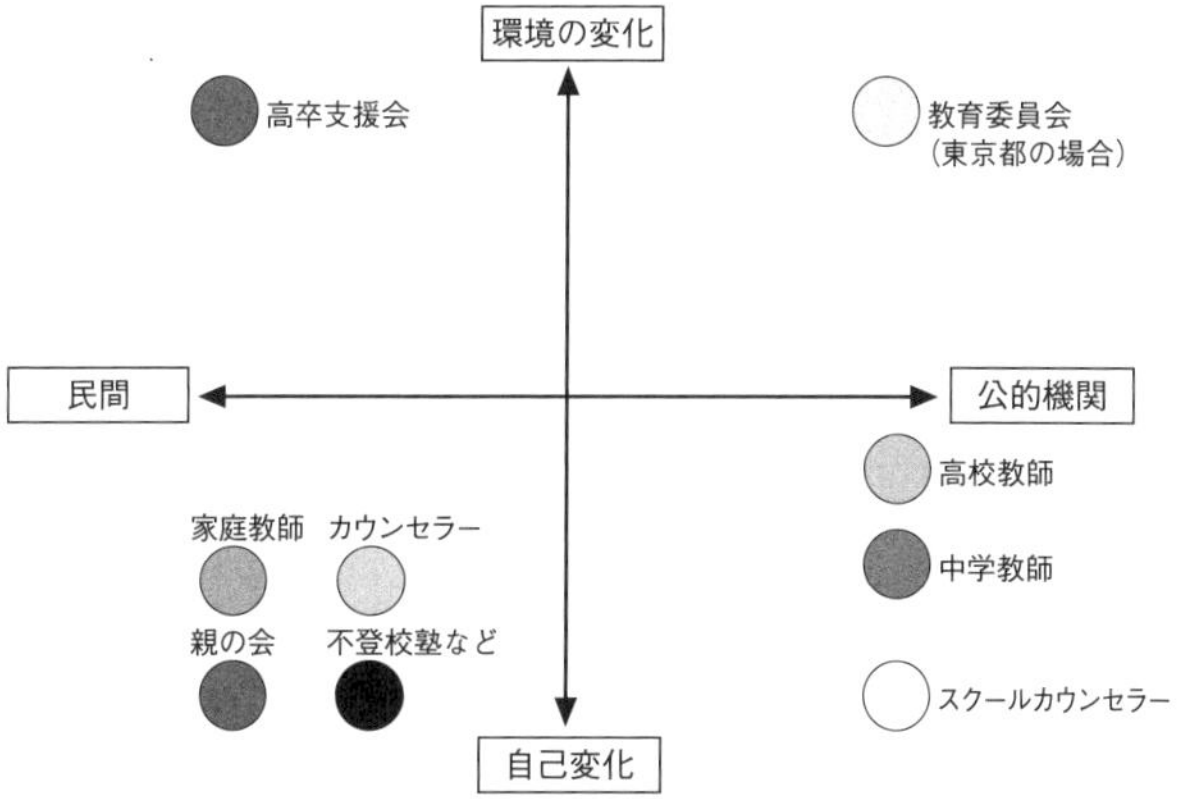

出典：筆者作成

ているんですけど、どうしたらよいですか」という質問にもすぐ答えられるのです。お父さんお母さんの考え方がこうだから、この対策は実行可能だろう、と予想がつくのです。本などを読んでアドバイスをそのまま実行してもうまくいきません。どういった対策なら実現可能か、両親と話をできていれば見極められます。子どもは非常に繊細ですし、ひきこもり状態なら、なおさらです。その子のその時に合った対策があるのです。

保護者会ではグループディスカッションもしています。すると、面談だけではわからない、いろいろな話も出てきます。

例えば、子どもの食生活に話が及んだ時に、

「うちの子にご飯を作ってあげても結局食べないので、もう作るのをやめた」というお母さんがいました。テーブルに菓子パンなどを置いておき、食べたい時に食べてもらうというのです。これには驚きました。ひきこもっていて、ご飯をしっかり食べていなければ、当然ですが体力は低下します。筋肉量も減り、体重も落ちてしまい、ますます毎日登校することが難しくなってしまうのです。ですから、このお母さんには、食べても食べなくても、とにかくご飯だけは手作りのものを毎日用意するようにお願いしました。その後、この生徒はお母さんのご飯をだんだんと食べはじめ、毎日登校できるようになりました。

また、保護者会は生徒のためだけでなく、保護者自身のためにもなっています。愛する我が子が不登校やひきこもりでいるのは、本当に苦しく辛いでしょう。誰にも相談できない人もいます。でも、ここではみんなが同じ悩みを持っているので、悩みをオープンにしやすいのです。自分だけじゃないんだ、と思えば勇気を持って話すこともできます。しかも、過去にひきこもっていた生徒が毎日登校できるようになった実例を、その保護者から直に聞くこともできます。今はひきこもっていても、こうすればひきこもりから脱出できるという例を直接聞けるのです。実際に大変な荒波を経験してきたお父さんお母さんの話は、今子どものひきこもりで悩んでいるお父さんお母さんを、大きく勇気づけてくれるのです。

保護者会にはインターンの生徒も出席させています。時にはインターンの生徒が自分のひきこもりから脱出した経緯を発表することもあります。こうした発表を見て、自分の子どももこの方法なら脱出できるかなと考えたり、実際にひきこもりから脱出した生徒本人を見て、うちの子もいずれはこのように復帰できると希望を持てたりするのです。

また、ほかの保護者の経験談から、自分の子どもに対する態度を改めようと考えてくれるお父さんお母さんもいます。子どもがひきこもりから立ち直るには、まず親が変わることが必要なのです。

私たちスタッフも、この保護者会によってさまざまな引き出しが増えています。スタッフと保護者の信頼関係を醸成する場でもあります。ひきこもりから立ち直らせるには、保護者とスタッフの間に深い信頼関係が必要になってきます。ちょっとやそっとの信頼ではありません。例えるなら、手と手を合わせて子どもをグイッと引き上げる感じです。それも、指と指を全部からませて、器をつくって引き上げるイメージです。そういったグリップの強さのようなものが必要になってくるのです。

例えば、保護者に必ずお願いしているのは、家庭では進路についてノータッチでいてもらうことです。もちろん、進路の話以外の趣味やテレビの話などはどんどんしてほしいですが、進路に関しては一切口出ししないようお願いしています。人生で一番大事ともいえる進路ですが、それについては口出ししないで、私たちスタッフに任せてもらうのです。これは相当な信頼がなくては成り立ちません。私たちは子どもと向き合って、その子がどうしたいのか、本当に進みたい道を一緒に探していきます。親が一方的に「○○大学に行きなさい」などと言っても、与えられた進路では意味がありません。与えられた進路ではモチベーションが続かないので、失敗や挫折をしたときに「親があのときああ言ったから」と親のせいにされるのがオチです。親が子どもの進路にこだわるほど、子どもの自律が阻まれてしまいます。子どもの本当に実現したい未来を見つけられるように、保護者がスタッフを深く信頼して任せてくれることが必須なのです。

このように、保護者会にはさまざまな意義があります。サポート校を選ぶ時には、こうした保護者との信頼関係を構築する機会があるかどうかも、選択基準のひとつにするとよいでしょう。

転入と編入

また、高校を中退して通信制高校に入学するには、転入学（転入）と編入学（編入）があります。

転入はその時点で在籍している高校から通信制高校に転校することで、同学年にスライドするイメージです。今まで通っていた高校で取得した単位数や在籍していた期間によって、どの学年からスタートするのかを決めます。前年度までの単位数を引き継げるので、全日制の同級生と一緒の時期に卒業することも可能です。

一方、編入の場合は、高校を中退した後に通信制に入学します。一度退学すると在籍していない空白の期間ができてしまうので、卒業が同級生より1年以上遅れる可能性が出てきます。高校卒業には3年間の高校在籍期間が必要だからです。

通信制高校では転入と編入のいずれも随時受け付けているところが多いので、早めに相談してみるとよいでしょう。

高校で不登校やひきこもりになってしまったのを、ただそのまま放っておいては、転入の時期を逃すことにもなります。通信制高校でも単位を取るには、どんなに遅くても12月はじめまでには転入していないと、その年度に単位を取るのが難しくなります。2月、3月には成績処理をしなくてはならないので、1月では物理的に無理になるのです。

不登校やひきこもりは、対応が早ければ早いほど元に戻りやすくなります。転入するにしても、年度末までに時間があればあるほど単位も取りやすくなります。こうした時期を逃してしまうと、同級生より1年多く在籍することになり、同じ時期に卒業できません。なるべく早く、できれば9月ごろまでには対応をとることをお勧めします。

また、不登校だけれどひきこもりではなく、違う学校なら毎日通えるというタイプの子どもで、学力があるなら、定時制高校の転入試験の受験がお勧めです。定時制高校の転入試験は簡単だと思い込む人も少なくないのですが、たとえばある都立の定時制高校の場合、競争率は約3倍で、狭き門となっているのが実情です。試験を受けて不合格だった場合は、通信制高校へ転入というように考えてもいいでしょう。

保護者のなかには、全日制高校にこだわる方もいますし、子ども自身も、全日制でなければ人生終わりだと思っている場合もあります。また、通信制高校や定時制高校では、とうてい大学には進学できないというように考えている人もいます。しかし、今や通信制高校や定時制高校からの進学率も上がってきており、平成30年度学校基本調査によると、通信制高校を卒業した５万３５５２人のうち、９８８５人が大学へ進学しており、進学率は18・５パーセントにのぼります。東京大学を含む国公立大学や、慶應義塾大学や早稲田大学などの有名私立大学に進学する生徒もいます。また、大学の指定校推薦枠を持っている通信制高校もあります。枠の数も多く、なかには有名私大も含まれています。高校のレベルや格にしがみつくのではなく、子どもが本当に楽しく毎日過ごすにはどんな高校がいいのか、本当にやりたい仕事に就くためにはどういった進路がよいのか、最善の方法を考えることが大事です。

また、大学名にこだわる保護者、大学に進学することを絶対とする保護者もいますが、こういった考えでは子どもの自律を損なうだけです。ますますひきこもりが長期化してしまいます。子どもの幸せと自律を願うなら自分のこだわりは捨てて、子どもが本当に進みたい進路を選ばせてあげましょう。

図表12　不登校・高校中退後のチャート

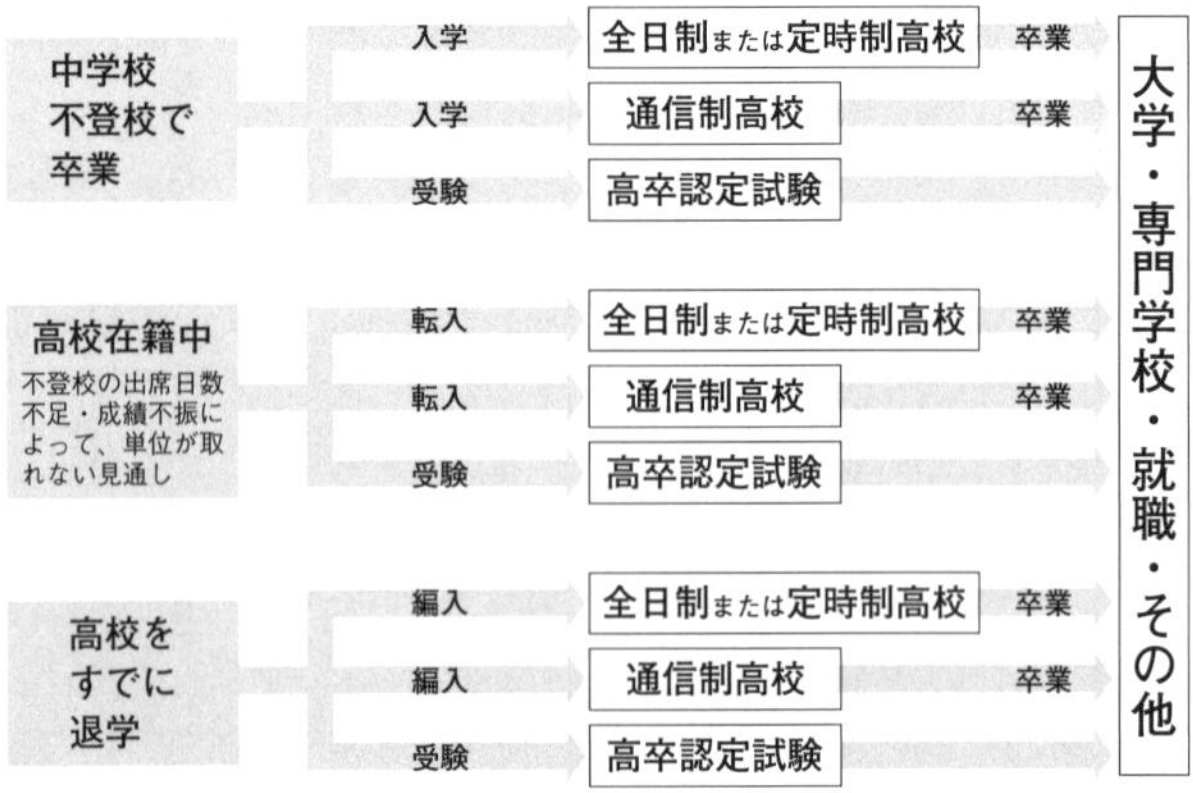

出典：筆者作成

授業料無償化対象外のサポート校

通信制高校、定時制高校、高卒認定それぞれの違いと、通信制高校に通うにはサポート校の役割がどれだけ大事なのかをご理解いただけたかと思いますが、非常に残念なのは、サポート校が塾と同様の扱いのため、政府が実質高校授業料を無償化している学校の対象外となっていることです。

平成26年4月から政府は公立高校だけでなく、国公私立問わず、年収約910万円未満の世帯に「高等学校等就学支援金」を支給しています。全日制国公立高校生がいる世帯には月額9900円が支給されていて、実質授業料が無料になっています。全日制私立高校

図表13　全日制・通信制・定時制・高卒認定の違い

高校の種類	全日制	通信制	定時制	高卒認定
試験科目	公立　５科目 私立　３科目	書類選考 作文　面接 ※一部高校では科目試験あり	国語　数学 英語　面接	国語　数学 英語 社会３～４科目 理科２～３科目
新入学時期	４月	4月　10月	４月	試験日 （２日間実施） ８月と11月
転入・編入時期	学期末、年度末	随時	学期末、年度末	
初年度費用	公立 年25万円～ 私立 年75万円～	公立 年５万円～ 私立 年25万円～ （サポート校学費別途あり）	公立 年７万円～ 私立 年50万円～	受験料 4500～8500円 （受験科目数による）
就学支援金	○	○（本校のみ、サポート校は対象外）	○	
在籍年数	３年以上	３年以上	３年以上	
学習制度	学年制	単位制	学年制	
学習方法	教師による授業	参考書や動画授業を参考にレポート作成	教師による授業	各自で学ぶ または 塾など利用
登校日数	週５～６日	自由 週１～５日、 合宿形式など	週５日 （１日４時間程度）	
給食	×	×	○	
高校卒業資格	○	○	○	×
大学等進学率	54.4%	16.7%	13.8%	
専修学校進学率	23.0%	23.8%	18.7%	
就職率	16.4%	14.3%	30.4%	

出典：図表は著者作成、進学率・就職率は文部科学省「高等学校教育の現状（平成24年３月発表）」より

生がいる世帯にも年収に応じて公立の1・5〜2・5倍の支援金が支給されます。

私立の通信制高校も月額9900円（単位制の場合は1単位あたり4812円）支給されますが、それは通信制高校の本校の授業料にあてられるもので、サポート校には適用されません。サポート校へ通おうとなると大きな負担がかかることになります。

本書の冒頭で紹介したユウキくんも、通信制高校へ入学してサポート校にも通い高校卒業資格を取りたかったものの、家庭の事情で断念せざるをえず、高卒認定へ進路を変更しました。ユウキくんは同じような子どもたちをなくしたいと、東京都議会へ陳情したのです。

通信制高校、そしてサポート校が青少年の未来を切り開くのにどれだけの役割を果たしているか知ってもらいたいと思っています。

第4章

子どもに対する親のあり方、関わり方

ひきこもりは日々の接し方の積み重ねで起きる

第3章では不登校・ひきこもり生活を改善させつつ通う生徒が多い、通信制高校についてみてきました。ただし当たり前ですが、不登校やひきこもりに、ある日突然なるわけではありません。たくさんの不登校やひきこもりの子どもを見ていると、小さいころからの親の接し方が、その原因になっていると感じます。今に始まった問題ではないのです。

本書の冒頭でふれた2つの事件でも、親・養育者の子どもへの接し方に問題があったと考えられます。

この章では、子どもが不登校やひきこもりから脱するための親のあり方、関わり方を書いていきます。同時に、若いお父さんお母さんたちにも、子どもが将来、不登校・ひきこもりにならないために、小さなころからどのように育てたらよいか、ぜひヒントにしていただけたらと思います。

不登校・ひきこもりから脱したいと相談に来るお父さんお母さんに、最初にお願いするのは、**子どもへの関わり方を変えること**です。こうなってしまった大きな原因のひとつは親の接し方だと私は思っています。具体的には次の3つの接し方が重要です。

①親（特に父親）が本気で向き合う
②無条件の愛情で接する
③甘い対応はしない

子どもへの関わり方①　親（特に父親）が本気で向き合う

親の関わり方でまず絶対に必要なのは、親が本気で向き合う姿勢です。

最初に相談へ来るのは、圧倒的にお母さんが多いのですが、私は必ず「次回はお父さんと一緒に来てください」と伝えます。**ここでお父さんがちゃんと来るかどうかに、親の本気度の違いが出る**のです。お父さんが本気を出さなくては、不登校やひきこもりから立ち直れるわけがありません。前述したように高学歴のエリートが多いのが、不登校・ひきこもりの子どものお父さんの特徴です。「仕事が忙しいから子どものことは妻に任せている」などと言って逃げているようでは、子どもは立ち直ることができません。本気で子どもにぶつかっていかなくては、子どもは変わらないのです。

私のところへ相談に来るお父さんには大学の教授なども多いのですが、大学ではある程度理解力や判断力の高い学生が相手ですから、穏やかに話せば事足りるのかもしれません。しかし、不登校・ひきこもりの我が子に対する態度がそれと同じでよいわけがありません。三者面談をしても、子どもの言うことをそのまま私たちに「こう言ってますので」と伝えてくるだけで、父親自身の意思や本気さが感じられないのです。

長期間にわたって不登校やひきこもりの状態にある子どもの精神状態は、冷静な判断を下せるものではありません。だからご両親が本気を出して、選択肢を与え、決断を促さない限り、ずるずるとひきこもり生活が続いてしまいます。

また、お父さんお母さん、スタッフの全員が同じ認識を持ち、ぶれない態度で子どもに対応することが大事です。これが一番手強いハードルともいえます。子どもに対する考えが、お父さんお母さんで違っていたり、ちぐはぐだったりすることも多く、そうなるとうまくいかなくなります。

例えばお父さんが単身赴任などできちんと話し合いができなかった場合、対応の方針がお母さんとスタッフの間で決まって、それを実行し始めたばかりなのに、効果がでないと、お父さんがすぐに別の手段をとりだすのです。お父さんが違う本を読んで、目移りしたのでしょう。不登校やひきこもりは放っておいてよいという専門家もいますから。しかし、私は不登校・ひきこもりは放っておいてはいけないと思っています。早ければ早いほど立ち直れる可能性が高いのですから。

父親が本気を出したことでひきこもりから立ち直ったタツマくんの例です。

【タツマくんの事例】（現在20歳の大学生。中1から中3まで約3年、高1で2カ月と、2度の不登校とひきこもりを経験）

タツマくんのお父さんは小さい時から厳しく、そんなお父さんをタツマくんは「マジで死んでくれと思っていた」と言います。中学受験をさせられて規則の厳しい私立の中高一貫進学校に入学しましたが「勉強しないといい大学に入れない、社会でうまくやっていけないぞと脅す学校だった」そうで、中1の5月には不登校になってしまいました。お母さんがカウンセラーやさまざまな教育機関に相談したところ、不登校はそっとしておけばいずれ治ると言われたのです。お父さんはどうにかしたいと思いましたが、「有名な先生に、特に父親は何も関わらないようにと言われたので、何もできませんでした」と言います。不登校が続いた状況を変えようと、高校は全寮制高校に進学しました。しかし、冬休みで家に戻ってきた際、タツマくんは部屋に立て籠もってしまったのです。誰も部屋に入れないようにバリケードを作り、お母さんが部屋に入ろうとすると暴力を振るいました。

こうした痛い思いをして初めて、両親は当会へ相談に来ました。「お父さんが本気を出して子どもと関わって下さい」とお願いすると、すぐにお父さんは態度を変えてくれました。数日後、お父さんは、タツマくんがトイレから部屋に戻ってバリケードのセットを組み立てているところに、乗り込んでいったのです。タツマくんを階段から引きずり降ろし、車に乗せて当会に連れてきました。面談では「これからどうするのか、高卒支援会に通うのか、そうじゃなかったら家を出て働け」とお父さんはタツマくんに厳しく迫りました。「ものすごい気迫だったので、通わなければ本当に働かされると思いました。それで、通うことにしたのです。オヤジのパワープレーがなければ、今もひきこもっていたと思います」とタツマくんは振り返ります。

その後は、進路に関してもお父さんは「お前が決めて、俺に説明しろ、大学受験をしないなら、働け」と厳しい態度だったといいます。浪人をすると決めた時には、「1日

16時間、感謝して勉強するのが普通だからな」と釘を刺され、猛勉強した結果、有名難関私大に合格しました。

今ではタツマくんはお父さんに対し、「昔は嫌いだったけど、きっと当時は一生懸命にやってくれたんだろうなと今になればわかります」と気持ちも変わってきました。お父さんが本気で向き合ったからこそ、ひきこもりから脱出できた例です。

母子家庭の場合

お父さんがいない家庭では、お母さんに本気を出してもらいます。たとえ子どもが暴れたとしても、お母さんが毅然と立ち向かっていると、子どもが変化してきます。

母子家庭のケイタくんの例です。

【ケイタくんの事例】（現在20歳。中1から不登校・ひきこもりになり、18歳で都立定時制高校を受験して合格。19歳で高校1年になり、現在も在学中）

ケイタくんが小学生のころ、お父さんの暴力が原因で両親は離婚。それからはお母さんと2人暮らしでしたが、中1で不登校になり、部屋にひきこもってパソコンゲームにのめりこむ日が続きました。中学卒業後は通信制高校へ入学したものの、結局スクーリングに全く行けずに退学しました。お母さんと一緒に相談に来た時は、すでに18歳でした。

ゲーム依存だったので、当会でパソコンを預かることにしました。しかし、ケイタくんは家に帰ると暴れます。お母さんはそれでも、私たちと約束したからパソコンを返すことはできない、と厳しい態度で一歩も譲りませんでした。

そのうち、ケイタくんは当会に登校するようになり、アルバイトを始めたことで人の役に立つ実感を得て、自信をつけていきました。その後「中1からできなかった学生生活を取り戻したい」と、猛勉強して定時制の都立高校に合格、19歳で高校1年生になり、現在も働きながら通っています。

子どもへの関わり方②　無条件の愛情で接する

次に大事なのは、条件付きの愛情ではなく、無条件の愛情で子どもと接することです。不登校やひきこもりの子どもの両親に多いのが、条件付きの愛情で子どもを育ててきた人たちです。いい大学に行くのは当然で、そのためにいい高校、いい中学に行くのも当然という意識で子どもを育てているのです。小さなころから過度に習い事や塾に行かせたり、中学受験をさせたりして、●級に上がったらほめる、いい成績をとったらほめる、合格したらほめる、といった具合です。すると子どもは、頑張っていい成績をとらなくては、いい中学に合格しなくては、お父さんお母さんにほめてもらえない、受け入れてもらえない、愛してもらえないと感じてしまいます。子どもが悪い成績でも、いい中学に合格しなくても、ありのままの子どもを丸ごと受け止めることが必要なのです。

いい大学に行って、いい会社に就職するのが子どものためといいますが、本当にそうでしょうか。そういった子どもに育てた自分に満足なだけなのではないでしょうか。**子どもは親のアクセサリーではありません**。子どもは、自分で自分の道を切り開いていくのです。親はそれを応援して、見守っていればいいのです。

実際、ひきこもりの相談に来る両親、特に父親は、医師や大学教授など、エリートがとても多いのが特徴です。東大、京大などの名門大学の出身者がとても多く、高学歴の親がほとんどです。話を聞いてみると、そうしたお父さんたちは、地方の公立高校で普通に勉強して、東大や京大などの国公立大や難関私大などに入ったといいます。それなのに、どうして自分の子どもにはのびのびと勉強をさせるのではなく、中学受験をさせるのでしょうか。とても不思議です。子どもを自分の延長のように感じているのでしょうか。自分は勉強ができたからといって、子どもも同じとは限りません。子どもは別の人格を持つ別の人間なのです。

夫が東大出身というお母さんが、「夫の家系は代々東大卒なのに、うちの子でそれが途絶えてしまったらどうしようと不安で、小さなころから塾に通わせていました。もし、東大に行けなかったら、母親に似てしまったから、母親の教育が悪かったから、と義理の両親に思われかねません。私自身も子どもをいい大学に行かせないといけない、というプレッシャーがあったのです」と打ち明けてくれた例もあります。お母さんがお父さんに対して学歴コンプレックスを持っていたのです。

進路とは、自分で決めるものです。親が敷いたレールに乗っているのでは、失敗した時に子どもは親のせいにします。自分の意思ではないのですから、当然です。自分でよく考えて自分の強い意思で決めた進路なら、頑張れますし、努力できるのです。私が両親に説明しても、それを理解してくれず、大学進学が絶対だという家庭もあります。これを説得するのはなかなか難しく、2～3年かかる場合もあります。そういった態度が、子どもの自律を阻《はば》んでしまうことに気づいていないのです。実際にあった、親が学歴にこだわったために不登校になったケースをあげます。

【アツヤくんの事例】（現在通信制高校に通う18歳、高校1年の夏に不登校を経験）

アツヤくんの父方の曽祖父と祖父は東大、お父さんは旧帝大の国立大学を卒業しており、アツヤくんは小さいころから「旧帝大以外の進学の選択肢はない」と言われてきました。習字、ピアノ、英会話、サッカー、空手、水泳、体操とたくさんの習い事をさせられ、小学校4年生からは塾に通い、中学受験、高校受験と勉強漬けの生活を送ってきました。お父さんに遊んでもらった記憶もほとんどありません。高校受験の時も「偏差値70以上の高校じゃないと行かせない」と、平然と言われたそうです。私立の難関進学高校に入学しましたが、学校に溶け込めず、勉強する気持ちにもならなくなり、休みがちになりました。高1の7月には全く行かなくなりました。10月に当会に相談に来て、通信制高校に転入しましたが、お母さんは「通信だけは絶対にダメ」と言い張ります。お母さんは都立高校の転入試験を受けさせようとしましたが、アツヤくんは反発して願書を出さず、そのまま通信制高校に通いながら大学受験を目指すことになりました。しかし、この状況になっても、お父さんは「旧帝大以外の大学なら学費を出さない」と言い張ります。

このころ、スタッフはアツヤくんと面談を重ねて、本当はファッションデザイナーになりたい気持ちを持っていたことに気づきました。テレビで観たデザイナーの山本耀司《ようじ》さんに憧れ、女性のドレスのデザインをやってみたいと思っていたのです。もともと絵を描くことや写真が好きで、ファッションにもこだわりを持っていたアツヤくん。スタッフはアツヤくんとお母さんに、ファッションを学べる大学への進学を提案しました。

その後、アツヤくんはその大学を目指して受験勉強するようになりました。お母さんは今ではアツヤくんの選んだ進路に納得し、応援してくれています。しかし、お父さん（その後は別居）は今でも旧帝大にこだわっています。このように、親が学歴に固執すると子どもの自律を阻害してしまうのです。

アツヤくんは、「お父さん自身が東大に入れなかったコンプレックスを持っているから、僕を東大に入れることでコンプレックスを解消しようとしたんだと思う。でも、それは僕の人生じゃない」と冷静に分析しています。

【カズキくんの事例】（通信制高校に通い、公務員として就職予定の18歳。成績不振で高１で中退を経験）

成績不振のため、通っていた難関の進学校を中退したカズキくん。当会に相談に来ましたが、カズキくんが立ち直るのに大きな壁となったのが、両親の学歴信仰でした。

お父さんは東大卒のエリート、お母さんも有名私大を卒業しているため、両親ともに全日制高校、有名大学進学にこだわって一歩も譲りません。まず私たちは、全日制高校に転入することは難しいという説明から始め、通信制高校に入ることの了解を得ることから始まりました。制度的に難しいことを知って、両親はしぶしぶ通信制に通うことを納得してくれました。

高校を辞めた時点で、大学進学のためだけに勉強する生活が嫌になっているのに、通信制にきてもまた大学進学を前提とした生活になれば、精神的に参ってしまうでしょう。大学進学にこだわらず、カズキくんの進みたい道を選ばせてあげるように両親を説得しました。この時点はまだ高1なので、親たちは「そうですね」と形の上だけそういう風に返事をして、内心では大学受験をして逆転してほしいと考えていたようです。

カズキくんは通信制に通うと同時にアルバイトを始めたところ、非常によく働き、勤務先の上司からも高く評価され、バイトリーダーに抜擢されました。このまま会社へ就職しないかと打診もされ、内定までもらいました。カズキくんも働くことの楽しさを味わい、自分には勉強よりも働くことの方が合っていると確信したのです。カズキくんはいろいろ調べて考えた末、公務員試験を受けて、高卒で公務員になることを目指そうとしたのです。

三者面談で、本人の希望を尊重してくださいと私がお願いすると「はい、わかりました」と、お母さんは言うのです。しかし家に帰ると、「わかっているよね、カズキ。絶対に大学に行かなきゃダメだよ」とカズキくんを脅すのです。

高2になるとお母さんも「本当にその道を行くのか」と怒りをあらわにするようになります。「大学は勉強して努力して入るもの、当たり前のことを当たり前にやりなさい」と主張します。しかし、カズキくんに勉強する気はありません。お母さんの希望で大学受験のための英単語だけは覚えるようにさせましたが、ぼーっと取り組むだけで、全く身につきません。大学の文化祭にも連れて行きましたが、全く大学に魅力を感じていませんでした。

そこで、カズキくんの勉強の様子を伝え、勉強する気がないことを、お母さんに伝えました。「それでも大学に進学させるというなら、監獄のような塾に入れるしかありませんが、それでカズキくんが勉強するようになると思いますか。それに大学ならどこでもいいのですか」と聞くと、どこでもいいわけではなく、ある程度の学力がある大学でないと意味がないといいます。お母さん自身のなかで考えに整理がつかなくなってきました。さらに、大学に入学しても、最近では20人に1人の学生が中退や休学をしている状況で、大学に行ったからといって必ず成功するとは限らないということも説明しました。カズキくんは勉強することには向いていないが、働くことには向いている、いいところがあるのだから、それを伸ばすべき、と話しました。

最終的に説得できた決め手は、カズキくん本人が公務員について調べ、それを納得できるように両親に伝えたことでした。高卒公務員試験なら、最初から高卒公務員を目指している高校生と試験を受けるので、学力的に有利なこと。大卒公務員試験では、一流大学の学生たちと競い合うことになるので、難しくなること。高卒の場合は勤続年数が大卒よりも長くなるので、生涯年収はほとんど変わらないということ。大卒で中小企業に入るよりは年収が高くなること。これらを説明して、やっと両親ともにカズキくんの進路を認め、応援する姿勢ができました。

カズキくんの両親のように、大学進学に固執してしまっては、子どもが立ち直る機会を奪いかねません。子どもが本当に進みたい道を信じて支えるのが、立ち直るために必要なのです。

親の学歴信仰を疑う

アツヤくん、カズキくん、ともに親の学歴信仰が強すぎて、偏差値という尺度でしか子どもと接してこなかったのが、子どもに問題が起きてしまった原因でした。自分の進路を自分で決めようとしているのに、親が一方的に自分たちの考えを押し付けてくるので、話し合いにならないのです。最初は反抗するかもしれませんが、反抗しても自分の意見がどうせ通らないとなると、話し合いをしなくなります。すると、無気力になって不登校になり、そこからひきこもりに転じてしまいます。

なぜ勉強するのか、なぜ勉強が必要なのか、目的がしっかりしていれば、迷うことなく勉強も努力もできます。親は子どもと勉強の目的をしっかり話し合うべきなのです。しかし、実際に話し合いになると、たいていの親は感情的になり、自分の望む方向に持っていこうとします。これは仕方ありません。私でも自分の娘のことになると、感情的になってしまいます。ですから、**親子で目指す方向が違うなら、この話し合いには第三者が必要になるのです。**

面談では、親と子と私たちスタッフが一緒に進路について話し合いますが、ときには親子で怒鳴り合いになることもあります。いつ殴り合いになってもおかしくない状況のときもあります。そして、多くの場合、私たちは子どもの味方をして、親が子どもの進路を認めてあげるように話し合いを続けていきます。すると、子どもが私たちを信用してくれるので、その後の復帰につながっていくのです。

では、逆に「無条件の愛情で接する」とは、どんな態度でしょうか。それは、どんな小さなことでも、子どもが自分から考えたこと、自分から行動したことを、肯定してあげることです。子どもをまるごと受け止めて、認めてあげることです。特に進路について、子どもの意見や気持ちを尊重して、応援してあげることです。

ひきこもりから脱出したユウキくんとそのお母さんの例を参考にしてみて下さい。

【ユウキくんとそのお母さんの事例】（現在18歳。高1から不登校になり、その後退学。高卒認定試験を受けて合格し、当会のインターンスタッフを経て、現在は当会の正社員として働く）

ユウキくんは地元の公立小学校、公立中学校に通い、高校受験で偏差値の高い国立高校へ進学しました。しかし、小中学校の合わせて9年間を同じメンバーでずっと過ごしてきたため、新しい友人関係を作ることに慣れておらず、友達ができませんでした。高1の夏休み明けからは、だんだん登校ができなくなりました。「学校に行くと視線を感じ、注目されているような気がして、体がざわざわしました。みんなが僕の悪口を言っているような気がしたのです」とユウキくんは振り返ります。９月下旬からは全く行けなくなりましたが、この時「父親は学校に行けないなんて情けない、気合が足りない、という態度でしたが、私は休ませるのが一番だと思ったのです」とお母さんは言います。

お母さんがユウキくんを病院に連れていくと、ユウキくんに自殺の恐れがあると病院で判断され、すぐに精神科に入院することになりました。約１カ月後に退院したものの、学校には行けないままで、高２に進級できず留年になりました。４月からもう一度高１をやり直そうとしましたが、結局５日間通っただけで、また不登校になってしまい、６月には退学しました。

「子どもの幸せを考えたら、普通に高校を卒業して、大学に進学してほしいという思いはありました。でも、こういう状況になってしまったのだから、子ども自身に将来を決断してもらおうと思ったのです。勉強したいなら、どこかで勉強する道を選んでもいいし、仕事をしたいなら、就職しても、バイトしてもいいと思ったのです」（ユウキくんのお母さん）

ユウキくんは通信制高校に通うことも考えましたが、学費がかかるために断念し、高卒認定を選択しました。その後、当会のインターンスタッフを経て、正社員になりました。お母さんは、「就職すると聞いた時、すごく自然で当然だなと思いました。素直に良かったと思いました。ユウキが自分なりに道を切り開いているのを、応援していきます」と語ります。

お母さんが学歴や肩書にとらわれない態度だったため、ユウキくんはスムーズに自立することができたのです。

子どもへの関わり方③　甘い対応はしない

最後にもう一つ大事なのが、親が子どもに対して甘い対応をしないということです。マナーや礼儀、生活習慣もしっかりと教え、威厳を持って、守らせることです。

例えば朝、子どもが起きてきたら、お父さんお母さんに「おはよう」とあいさつするのは当然のことです。こうした人として当たり前のことをやらないのを、そのままにしてしまっている家庭環境が、ひきこもりを生み出す要因の一つです。実際、ひきこもりの相談を受けると、家庭であいさつさえもしない、何カ月も口をきいていないというケースが非常に多いのです。あいさつをしなくてもいいという甘やかした雰囲気が、ひきこもりを生む原因にもなります。あいさつや礼儀は人を思いやる最低限のマナーです。家族だからやらなくてもいいというわけにはいきません。

こんな光景もよく目にします。レストランにおじいさん、おばあさん、お父さん、お母さんと子どもで来ました。席に着いたとたんに、子どもがゲームをやり始めるのです。せっかく遠方からおじいさんおばあさんが来てくれたのに、失礼ですよね。そう思いませんか。おじいさんやおばあさんと会話を楽しむべきです。しばらく会っていなくて会話が弾まないとしても、おじいさんおばあさんを無視してスマホをいじり始めるのは、マナー違反です。そのような態度を注意することもない家庭が多いのに驚きます。こうしたことの積み重ねが、ひきこもりやすい子どもにしているのです。

また、生活習慣をきちんとさせることが重要です。夜寝て朝起きる、お風呂に入り、歯磨きをし、自分の部屋は自分で片付ける、といったごく当たり前のことです。ひきこもりの子どもの部屋を訪ねると、ゴミ屋敷のように歩くスペースもないことがほとんどです。私はスタッフにまず、部屋を片付けるように伝えます。

また、ひきこもりの子どもは、部屋どころか、自分自身もきれいにしていないことが多いのです。お風呂にもずっと入っていない、歯磨きもずっとしていないことがよくあります。しかし、スタッフと話をして打ち解けて、いざ外に出ようとなると、自分でも汚いのが恥ずかしいと思うのでしょう。お風呂に入るようになるのです。このときにも、変えるためには第三者が必要です。急に親があいさつや礼儀、生活習慣を直すように言っても、変えることはできません。その方法については、次の第5章で述べていきます。

あいさつや礼儀、生活習慣がきちんとしていなくても、許してしまう甘い態度が、ひきこもりになりやすい子どもを作ってしまうのです。今に始まったことではなく、小さいころからの積み重ねです。特に、お父さんが優しすぎる、甘すぎることが多いです。面談をしていても、子どもに甘い対応だと感じます。親としてバシッと言うべきところは言う、という態度で育てることが必要なのです。

一番悪いのは、金銭的に甘い親です。過去にはこんな例もありました。月30万円のお小遣いを与えて、子どものほしいものを「爆買いさせる」という家庭がありました。

ひきこもりの相談に来たのは、家でずっとアニメを観てゲームをしている男の子のお母さんです。月に一度は池袋のアニメイト（ゲームやアニメのグッズ専門店）に行って、息子のほしいフィギュアをどっさり買い込むというのです。その額は30万円にものぼります。ひきこもって好きなアニメを観ることとゲームだけをしていて、それでも好きなものを買ってもらえるのでは、外に出る気もなくなってしまいます。このお母さんに、爆買いをやめるようにお願いしましたが、結局直してもらえませんでした。その後は来なくなったので、どうなったのかわかりませんが、甘い対応を続けて、子どもが立ち直るきっかけをお母さん自ら放棄してしまったわけです。親が本気にならなくては、子どもはいつまでたっても立ち直れません。

冒頭にふれた元農林水産省事務次官が長男を刺殺した事件でも、長男が働いてもいないのに月30万円以上もクレジットカードを使用していた様子が報道されました。こうした状況を放置していたのが問題なのです。

要は子どもにとって、生活に困っていない状態が続いているのです。「勉強しないなら、働く」。これは当たり前ではないでしょうか。しかし、現代では働かなくても何とかなってしまう裕福な家庭が多いのです。危機感がなく、切羽詰まった状態でないので、ひきこもりになってしまうのです。

特に中学卒業後のひきこもりになった子どもに、働いてもいないのにお金を与えるというのは、甘い対応の極みです。お母さんが働いている場合、お昼ご飯代に毎日1000円を置いていくという話もよく聞きます。何もしなくても、月3万円もらえてしまうわけです。また、子どもから「○○を買ってきて」と言われて、その通りに買ってきたりします。そんなことしなければいいのです。お金がなければ、自分で働こうと思うはずです。それが外に出るきっかけになることもあるのです。

また、最近の親子関係を見ていると、仲が良すぎて、友達親子のようになっていることが多いと感じます。これも問題です。うまくいっているときはいいのですが、一度こじれてしまうと、もう親は子どもに太刀打ちできなくなります。こうした場合にも、第三者が必要になってきます。

【コウタくんの事例】（現在18歳。高校受験で大学附属校に進学したものの、高2で不登校になり中退、通信制高校に編入して高校卒業を目指しながら、医学部進学に向けて

勉強中）

コウタくんとお父さんは小さいころから一緒にゲームをするなど、とても仲のいい親子でした。しかし、お父さんには威厳を感じなかったそうです。ときにはお父さんがコウタくんのことを叱って手をあげることもありましたが、コウタくんはいつもお父さんに殴り返していました。小さいうちは、またお父さんに殴り返されて、最後はコウタくんが泣いて終わっていました。しかし、コウタくんが中学の部活でバスケットボールを始めると、体格は逆転してしまいます。お父さんを殴り返した時に、お父さんは頭を強く打って、脳しんとうを起こしてしまいました。それ以降、お父さんはコウタくんに何も言えなくなりました。高校は大学附属校に進み、テストでは学年１位を取るほど優秀でしたが、高２で学校に行かなくなり、退学してしまいます。こうなると、親が何を言っても何も変えることはできません。第三者の当会のスタッフと話し合うことで、将来の夢を発見し、現在は通信制高校に通いながら、医学部進学に向けて勉強しています。

親は友達でも兄弟でもない

コウタくんのように父親が友人感覚になってしまうと、威厳がなくなり、言うことを聞かなくなります。小さいころから、子どもが親を尊敬し、「ダメなものはダメ」と甘やかさない関係を築くことが大事です。

お母さんに対しても同じことがいえます。特に不登校になりかけのころ、お母さんは学校へ行かせようと、一生懸命に子どもを朝起こします。しかし、そのうち何をしても起きなくなり、起こそうとすると子どもが「うるせえんだよ！」と怒鳴ったり、暴力を振るったりするようになります。ひどい場合だと、お母さんを殴っているのに、子どもは寝ぼけていて覚えていないこともあります。お母さんが甘い対応をしていたり、友達親子のように接していたりすると、子どもが大きくなった時に言うことを聞かなくなります。お母さんが子どもを起こせなくなったら、もう赤信号です。

ゲームにしてもスマホにしても、親が子どもと使い方について約束をして、きちんと守らせるのが理想ですが、甘い対応を続けてきた場合、非常に難しいのが現実です。子どもの言い分をきちんと聞いて、双方が納得でき、かつ実行可能な約束をすることがポイントです。Aくんの家では実行できる約束でも、Bくんの家では実行できるとは限りません。自分の家庭ではどこまで実行可能なのか、見極めが必要です。生まれてから今に至るまでの積み重ねの中で、その家なりの方策が育まれているはずです。

例えば、カズキくんの家では、夜10時になったら携帯電話を親に預けるという約束を守らせています。親が料金を払っているのだから、高校を卒業して自分で稼ぐまでは預けなさい、という理由です。これは双方が納得しているから成り立ちますが、ほかの家庭でもできるとは限りません。ちなみに、カズキくんは「うちのカアチャン、こえーんだよ」と言っています。そういった親子関係だから、成立する約束なのです。

学歴や成績にとらわれずに、愛情を注ぎながらも、しめるところはしめる、という親子関係が大切なのです。

こういうことを言うと、力任せに子どもに言うことを聞かせようと、暴力に頼ろうとする親がいるかもしれませんが、当然それはいけません。暴力を振るう親を子どもは尊敬しないので、親との信頼関係ができないからです。子どものほうが大きくなったら、今度は親のほうが力で負けるだけです。アツヤくんの事例でもよくわかります。

【アツヤくんの事例】（現在通信制高校に通う18歳。高校1年の夏に不登校を経験）

アツヤくんが小さい時から、お父さんは酒癖が悪く、カッとなるとすぐに手をあげる人でした。細かなことですぐに怒り、常に高圧的な態度だったといいます。アツヤくんが今でもよく覚えているのが、食卓を囲んでいた時のことです。お父さんが話をしている際に、横にいたお姉ちゃんにアツヤくんが話しかけると、お父さんは「俺が話している時に何しているんだ」と激怒し、箸が飛んできたのです。一事が万事この調子ですから、母親とも仲が悪く、常日ごろからケンカし、家庭内暴力が絶えませんでした。

アツヤくんが中学生になったある日、またいつものように両親がケンカしていたので、アツヤくんは止めに入りました。するとお父さんに殴られたので、殴り返すと、お父さんは倒れて脊髄《せきずい》を痛め、入院となってしまいました。その後、お父さんはぶつぶつと文句を言うだけで、アツヤくんには暴力を振るわなくなったそうです。しかし、この後もお母さんへの暴力はエスカレートしたため、現在は別居しています。

鉄は熱いうちに打て

ここまで見てきたように、これまでの親の関わり方を変えることが重要です。①親（特に父親）が本気で向き合う、②無条件の愛情で接する、③甘い対応はしない、この３つが大事です。これをしないままでいると、子どもはどんどん親と距離をおき、不登校やひきこもりになっていきます。

昼夜逆転し、お風呂にも入らず歯も磨かず、家から出ないので人目を気にすることもなくなり、服装にも気を遣わず、髪の毛や爪も伸び放題になっていきます。特に夏場は臭くなってしまうので大変です。ゲームをしたりテレビを観たりしていることが多いためか、画面が見にくいといって、カーテンを閉めっぱなしにし、部屋を暗くします。そのうち、まぶしいのを嫌い、いつでも暗いところにこもるようになっていきます。親とは口をきかず、ご飯は自分だけでこっそり部屋で食べたり、親が寝静まった後に、冷蔵庫をあさったりします。

こうなってくるともう、親の言うことは聞きませんし、自分で抜け出すこともできません。第三者が間に入る必要が生じます。

そして、それはなるべく早いほうがいいのです。巻き戻す量が少なければ少ないほど、楽に戻れるのです。不登校になって1カ月くらいですと、自分から「やっぱり違うな」と感じて戻ることもありますが、それが数カ月、半年、1年、2年と経つと、自分から戻るのはとても難しくなってきます。不登校になるのが一番多いのは5月の連休明けくらいですが、5月のうちはまだ様子を見ておいてもいいと思います。でも6月になったら、なるべく早く相談に来るようにお願いしています。しかし、多くの親が、秋くらいになってやっとまずいと思って相談に来るのです。私はなるべく早く第三者機関に相談して、ひきこもりから脱出するための対策をとるべきだと思っています。

図表14　ひきこもり危険度チェックリスト

親の態度

□ (特に母親が)過干渉
□ (特に父親が)高学歴、高収入
□ 母親が学歴コンプレックス
□ 父親が放任しすぎる、子育てに関わらない
☆□ DV(家庭内暴力)がある
□ 手作りの食事を用意しない
□ 金銭的にルーズ、すぐに物を買い与える、お小遣いを与えてしまう

子どもの様子

□ お風呂に入っていない
□ 歯磨きをしていない
□ 昼夜逆転している
□ 髪が伸びきっている
□ 服装など外見を気にしていない
□ 暗いところが好き、カーテンを閉めっぱなし
□ 周りの目を気にしない
□ 同年代と話せない
□ 部屋の掃除をしない
□ 学校の担任との関係性が悪い

親子関係

□ 家族で「おはよう」などのあいさつをしていない
☆□ 親子で会話をしていない
□ 食事を家族で一緒に食べていない(特に朝食)
□ 朝、親が子どもを起こせない(起こすと暴力を振るわれるため)

チェックが3つ以上で要注意！　☆マークは今すぐ相談を

第5章

30年かけてたどり着いた、不登校・ひきこもり克服の3ステップ

9割をひきこもりから立ち直らせてきた3ステップ

第4章で述べたように親が子どもへの関わり方を変える心構えができたら、次はいよいよ不登校・ひきこもりから立ち直るためのステップに入ります。

教育ミッション
ステップ① 規則正しい生活をする
ステップ② 自律して自信をつける
ステップ③ 社会貢献をする

まず大事なことは、**規則正しい生活**ができるようになることです。これが一番大変で重要なステップです。それができるようになったら、**自律して自信をつける**ステップに移っていき、最後には**社会貢献**をしてその自信を完全なものにしていきます。これは、私が30年以上にわたって実践してきて、やっとたどり着いた方法です。この3つのステップさえできれば、保護者同居の9割の子どもが立ち直れると思っています。少なくとも、私がこの方法を実施して、立ち直れなかったケースはほとんどありません。

ほかの専門家や不登校・ひきこもり問題を扱う機関では、先に自信をつけさせようとする場合がよくあります。しかし、それでは立ち直れません。この順番が非常に大切なのです。

３つのステップというと簡単に聞こえますが、実際はとても難しく、時間と手間のかかる大変な道のりです。ここでは、その３つのステップを達成する方法について、順を追ってさらに詳しく説明していきます。

不登校なり始めの１カ月

不登校になり始めて最初の１カ月くらいは、本人も悶々《もんもん》としています。この１カ月は充電期間になって、そこからまた通い始める場合も多くありますから、１カ月までなら様子を見ていてもいいでしょう。１カ月ならまだ生活習慣が大きく乱れていない場合も多いので、巻き戻しも自分で楽にできるのです。しかし、何もしなくても朝昼晩と三食出てきて、ゲームやスマホも取り上げられないで、楽な生活ができてしまうと、ずるずるとその生活を続け、本格的なひきこもりの段階に入っていくのです。

こうなってくると、親もどうしたらよいかわからず、不登校に関連する本などを読んで、無理に学校へ行かせることはないと思い込んでしまいます。確かに親が無理やり行かせるのでは、子どもは反発するだけです。しかし、そのまま放っておいてよいわけではありません。

そこで絶対に必要なのが、第三者です。親子の間に入って子どもと直接、対話していく人物が必要なのです（ただし、間に入ってもらう機関や団体、人物は、慎重に選ぶことが重要です。暴力的な連れ出しで問題になったり、法外な金額を請求されたりしてトラブルになっているケースもあるので、細心の注意を払ってください）。

この第三者に、大人や大学生などをあてて、子どもと対話しようとしたり、子どもを連れ出そうとしたりする機関が多いようですが、ひきこもりの子どもにしてみれば、大学生や大人というのは、会話する相手としては非常にハードルが高いのです。自己評価が低く自信もない子からすれば、大学生は自分とは違ったステージの人だと感じられるのです。すぐに心を開くことはないでしょう。

同世代が訪問することの効果

しかし、同じ歳、同じ学年で、しかも自分と同じように少し前までひきこもっていた高校生だとしたらどうでしょう。大人が連れ出しに行って断られることがあっても、同世代が連れ出しに行った場合、今のところ断られたことはありません。

当会ではひきこもりの相談を受けた場合、最初に子どもと接触するために、**高校生インターンスタッフによる訪問**を行っています。経験豊富なベテランスタッフと高校生インターンスタッフが組んで、子どもの部屋を訪問するのです。信頼関係を築くために、ゲームの話や世間話から対話を始めます。年齢が近いほど共通の話題も多く、最終的には外に連れ出せるのです。

その間に親が気をつけることは、絶対に学校の話をしないことです。うまくいきかけていたのに、学校の話をしたりスクールカウンセラーを連れてきたりすると、その場から逃げ出す、自室に鍵をかけてバリケードを作るなど、子どもから手強い抵抗にあいます。それまでにさんざん親や先生から「学校に通え」と言われ続け、本人も通おうとしてもできない状態でいるので、子どもは通えない自分自身を責めている状態なのです。そこへ「学校」を持ち出されると、さらに責められている気持ちになるので、拒否反応を示すことがほとんどなのです。まず、最初の段階は何も口出しせずに、スタッフに任せて、外に連れ出してもらうことです。

実際にひきこもりの子どもが高校生インターンスタッフをどう感じたのか、例をあげます。

【ユウキくんの事例】（現在18歳。高1から不登校になり、その後退学。高卒認定試験を受けて合格し、当会のインターンスタッフを経て、現在は当会の正社員として働く）

高1の夏休み明けから学校へ行かなくなり、10月にはうつ症状で1カ月ほど入院し、退院後も学校へ行けないまま、もう一度高1を4月からやり直したユウキくん。5日間だけ通った後、再度の不登校になり、当会へ面談に来ました。

面談したのは、スタッフの竹村と高校生インターンスタッフのアツヤくんでした。面談ではお母さんばかりが話し、ユウキくんはずっと下を向いて何の反応もありませんでした。竹村の質問に何も答えず、目がトロンとして、背中を丸め、全てに絶望している感じでした。

しかし、アツヤくんが「僕はきみと同じ高校生で、私立高校を中退したんだよ。友達が作れなくて学校に行けなくなり、去年の10月まで不登校だった。今は高卒支援会でインターンとしてお手伝いをしながら、通信制高校に通っている」と話しかけると、ユウキくんの瞳に一瞬の驚きが見えました。この時の驚きをユウキくんは今もはっきり覚えていると言います。「同じ歳なのに、すごい、自分とかけ離れていると思いました。アツヤくんが作った支援会のチラシを見て、それもセンスがあってすごいと思いました。少しでもアツヤくんみたいになりたい、と思ったのです」。ユウキくんのお母さんも息子の変化に驚いていました。「アツヤくんが話しかけてくれて、ユウキの顔つきが変わったのがわかりました。スイッチが入ったのだと思います。最初、アツヤくんは大学生のバイトなのかなと思っていたのです。それが同じ境遇だと知って、驚きました。息子はアツヤくんについていこうと思ったのでしょう」（ユウキくんのお母さん）

面談の最後に、「明日から登校するように。登校しなかったら、迎えに行くから」と言われたユウキくん。翌日からすんなりと登校できたのです。数カ月経ってからは、自分もインターンスタッフになりたいと希望し、現在に至っています。

【カイトくんの事例】（現在中学2年生。中1のゴールデンウィーク明けから不登校、ひきこもりになる。スタッフが夏から訪問を続け、12月には連れ出しに成功。中2の4

月から当会へほぼ毎日通うようになり、高校受験に向けて勉強中）

カイトくんは小学校受験をして私立小学校に通い、さらに塾に通って、中学受験をしましたが、第1志望の中学は不合格になり、第2志望の中学に入学しました。校則が厳しく、「つまらない学校だなと思った」とカイトくんは言います。ゴールデンウィーク明けくらいから行かなくなりました。

お母さんが当時をこう振り返ります。「最初は無理やり行かせようとして、もみ合いになり、私が倒れてしまいました。夫がカイトを押さえつけると、『何すんだ、てめー』と睨《にら》みつけ、本当に殺されるんじゃないかと思うくらい緊迫した状況でした。それ以来、私のことも無視し、全くしゃべらなくなりました。部屋からは『クソ死ね、アイツ殺してやる』とブツブツひとり言を言っているのが聞こえて、身の危険を感じました」。

6月にはエアガン3丁を持って自室に立て籠もりました。両親の部屋の鍵を分解して、自分の部屋につけたのです。お母さんが部屋に入ろうとすると、エアガンで撃ってきます。部屋にこもってパソコンやスマホのゲームをずっとやり続け、昼夜逆転して、家族が寝静まった後に、食卓に置いてあるパンなどを食べていました。ゲームではインターネットを介して小学校の時の友達やネットで知り合った友達と対戦できるので、全くさみしくありません。どんどんのめりこんでいき、外出は一歩もしませんでした。

　お母さんの相談を受けて、6月下旬からスタッフの大倉と高校生インターンスタッフのアツヤくんが週3回の訪問を始めました。部屋に鍵がかかっているので、最初はドア越しに話しかけるだけです。

　大倉はこの時の様子をこう報告しています。「『ドアを開けてほしい、このまま開けないなら、鍵屋さんを呼ぶよ、インターネットを切るよ』と数週間の間、呼びかけ続けました。ほかにも、ゲームの話をしたり、自分たちのことを話したりしました。物音が聞こえて、こちらの話を聞いているのもわかりました。手紙を書いてドアの下から差し入れましたが、カイトくんからは『やめて下さい』と書かれた手紙が返されました。無理にドアを開けると暴れる危険性があったので、本人の意思を確認しながら慎重に、合意のうえでやるようにしたのです」。

　差し入れた手紙には、アツヤくんが自分のことを書いていました。友達ができなくて不登校になり、高校を中退したこと、今は高校2年生で、インターンスタッフとしてお手伝いしていること、好きなゲームのこと……。カイトくんが読んでくれたかどうかはわかりません。ゴミ箱に捨ててあったといいます。しかし、後に、カイトくんはアツヤくんの質問だけに答えるようになっていったのです。カイトくんが、どうアツヤくんへ心を開いていったのか、この後詳しく述べていきます。

最初の訪問から数週間経って、大倉はドア越しに約束をとりつけます。「昼夜逆転の今の過ごし方はよくないよね。だから、昼間は起きているようにしよう。ドアは必ずノックするから、鍵を開けたままにしてくれないかな。次回来たときに、そのふたつができていたら、鍵を壊さないし、ネットも切らないよ」。

カイトくんは「最初のころの訪問は、めんどくせえなくらいで、何とも思ってなかったけど、ネットを切られるのはドアを壊されるより嫌だと思った」そうで、約束に応じました。しかし、次の訪問の時、カイトくんは寝ていて、ドアに鍵もかけていました。大倉は、「次に来た時にも同じだったら、鍵を開けるからね」と宣言し、次の訪問の時に鍵屋さんを呼んで、鍵を開けました。7月の中旬になっていました。この時、カイトくんは抵抗せず、すんなり部屋から出てきたといいます。すぐに大倉とアツヤくんが部屋に入り、エアガンを取り上げました。

「しかし、これがどん底状態の始まりでした」とお母さんは振り返ります。無気力で、ずっと寝ながらスマホをいじるようになったのです。それからは、2人は訪問に行ってカイトくんの部屋に入り、ゲームのことなどを話しかけ続けましたが、何も反応はありませんでした。アツヤくんは毎回カイトくんの部屋の掃除をし続けました。いつもゴミがいっぱいで、床も見えないほど散らかっていたからです。

変化があったのは、7月末のことでした。アツヤくんがいつものように部屋の掃除をしていると、突然、カイトくんが自分から手伝い始めたのです。8月には2人が部屋にいてもいいという雰囲気になり、態度が軟化してきました。8月中旬にはアツヤくんと一緒にゲームをして、少しずつ問いかけに返事をするようになりました。9月からはアツヤくんだけで訪問するようになり、アツヤくんが部屋を片付けて、その後に一緒にゲームをするようになりました。アツヤくんには少しずつ本音を話すようになり、信頼するようになっていったのです。

ユウキくんとカイトくんの事例のように、ひきこもりの子どもは心を閉ざしていますから、高校生インターンスタッフのアツヤくんのような同年代、できれば同じ歳の人物がコミュニケーションをとることが必要です。最初は親や先生、大人の言うことは聞きません。ですから、そういった同年代の第三者が絶対に必要なのです。
高校生インターンスタッフとベテランスタッフの報告を受けて、私たちは毎回、次の作戦を練っていきます。お父さんお母さんとも話し合い、この状況なら実行可能と思える方法、守ってもらえそうだと思える約束を、子どもに提示していきます。そして、こちらもきちんと約束を守ります。そうすることで、信頼関係を築いていきます。

健康な心は清潔な身体から

同年代とコミュニケーションをとれるようになったら、次は**身支度を整える**ことが必要です。お風呂に入り、歯を磨き、髪や爪を切ります。それができたら、さらに次のステップの家の外への連れ出しに続いていきます。先ほどのカイトくんの事例の続きを紹介します。

【カイトくんの事例】（続き）
10月、カイトくんは「今の学校を辞めて、高校受験でもう一度（中学受験の時の）第1志望校に行きたい」とアツヤくんに胸の内を話すほど信頼するようになっていました。

アツヤくんは「次に来る時は、部屋を片付けた状態で、起きているように。服も着替えておけよ」と告げます。せっかく訪問に来ても、寝ていることがあったからです。しかし、数回続けて約束をやぶったカイトくんに対してアツヤくんは怒り、「約束を守れないなら、スマホを取り上げるよ」と取り上げてしまいます。さらに、７月以降入っていなかったお風呂にも入るように言います。夜中でもいいから自分で入るように告げたのです。８月には無理やりお風呂に入れようとして、押し問答の末に逃げられてしまったことがありました。しかし、今回は「今日の夜に入ります」と素直に受け入れて入浴し、歯も磨きました。

こうして、約束を守れたときにはスマホを返す、約束を守れなかったらスマホを取り上げる、を繰り返していきます。大倉とアツヤくんで、どんどんハードルをあげていこうと確認して、10月下旬には部屋のカーテンを外しました。朝日を浴びることで体を目覚めさせ、昼夜逆転の生活を是正していくためです。本人の合意のうえで、スムーズに外せました。

それから、５月以来伸びっぱなしになっていた髪を切りました。当時カイトくんにはほしいゲーム機があったのですが、「髪の毛を切るなら、買ってもらえるようにお母さんに頼んであげるよ」とアツヤくんが持ちかけたのです。さらに、2人でルーレットをして遊んでいるうちに、カイトくん自身が、ルーレットで負けたら髪をアツヤくんに切ってもらうと言い出したのです。こうして、やっと身支度が整っていきました。

11月には週2回お風呂に入るようになり、部屋の片付けも自分でするようになりました。5月にお母さんと口をきかなくなってからは、お母さんが作ったご飯に一切手をつけず、買い置きしてあるものしか食べていませんでしたが、このころにはアツヤくんと一緒にお母さんの作ったご飯を食べるようになり、痩せ細っていた体も、少しずつもとに戻ってきました。

11月下旬には、部屋の片付け、歯磨き、週2回のお風呂、1日1回の部屋の換気、この4つを守る約束をしました。このころ、髪の毛を切ったご褒美に買ってもらったゲームをやっていましたが、「ゲームのサーバーに書き込む外国人が多くて、英語で何を言っているかわからないから、英語を勉強したい」と言うようになりました。12月からはさかんに話すようになり、アツヤくんがアルファベットから英語を教え始めました。

外への一歩を踏み出す

このようにして、時間をかけて信頼関係を築き、お風呂に入るなど身支度が整ってきたら、次は**連れ出し**です。はじめは人がたくさんいる場所にいることも怖く感じるので、何度か一緒に外出して、慣らしていきます。カイトくんの例の続きを見ていきます。

【カイトくんの事例】（続き）

12月18日、アツヤくんが訪問すると、カイトくんが部屋の掃除、入浴、ゴミ出しをしていなかったので、アツヤくんが怒り、スマホを取り上げて帰りました。この時期にスマホゲームのイベント（その期間だけゲーム中の武器などが特別に手に入り、得点が高く出る設定になっている）があったため、次の20日の訪問の時に、カイトくんは、どうしても今すぐスマホを返してほしいと頼みました。アツヤくんは「新宿の事務所に置いてきちゃったから、一緒に取りに行こう」と誘います（実際はアツヤくんが持っていたのですが）。事務所には誰もいないから大丈夫とアツヤくんに説得され、すぐにでもゲームをしたかったカイトくんは、一緒に外出することにしました。こうして、実に半年ぶりに外出したのです。

「本当に事務所に誰もいないんですか」と何度も念を押していたカイトくん。アツヤくん以外の人に会うのが怖く、新宿駅では人の多さに気分が悪くなってしまうほどでした。

新宿の事務所にはその日、竹村や大倉など数人のスタッフがいました。竹村はこの時、カイトくんと初めて会ったのですが、大倉やアツヤくんらのスタッフから、それまでの報告を受けていましたので、「きみがカイトか」と思わず声に出してしまったと言います。そして、「このまま帰してしまうのはもったいない。長い時間をかけてやっと外へ出てきたのだから、スマホを返してハイおしまいではなく、外出する喜びを少しでも植えつけてから帰そう」と思い、竹村は「メシ食いにいこう、メシ食ったら、スマホを返すから」とカイトくんに告げました。カイトくんは「嫌です。早く返して下さい、帰ります」と言いましたが、スタッフ全員でファミリーレストランに連れて行きました。もちろん、インターンのアツヤくんも一緒です。アツヤくんの後ろで、「いつ帰れるんですか」とずっとぼそぼそと聞いていました。会話はアツヤくんが質問した時だけ答えて、他の人が質問しても答えません。お店ではドリアを注文してあげましたが、カイトくんはマスクを外さず、一口も口に入れません。1時間経って、「一口食べてみなよ」と竹村やアツヤくんが勧めると、ようやく一口食べ、美味しいと思ったのでしょう、お腹もすいていたのでしょう、全部食べました。その後、竹村はアツヤくんからカイトくんが甘い物が好きだという情報を聞いていたので、「クレープ屋行こう、食べたらスマホを返すよ」とクレープ屋に連れていき、さらに、ゲームセンターにも連れていきます。ゲームセンターではカイトくんは頑《かたく》なにゲームをやりませんでしたが、カイトくんの好きなアニメキャラクターの景品を、スタッフがUFOキャッチャーで取ってあげました。その後ようやくスマホを返して、大倉が家まで送りました。カイトくんは「めんどくせえなと思ったけど、スマホを返してくれないから、仕方なく付き合った」と言います。

　続けて、5日後のクリスマスの日には書店でマンガやライトノベルを買ってあげるとアツヤくんが誘い、外出しています。久しぶりに服も買うことができました。

大切なのは「行き先」があること

このように、連れ出しをきっかけに、徐々に外出を増やしていきます。あまり時間を空けないのが大事です。外出に慣れてきたら、次のステップは**大人とコミュニケーションをとれるようにすること**です。フリースクール、保健室、適応指導教室、通信制高校などのスタッフと話をできるようにしていき、そこへ通えるように信頼関係を築きます。

大人との信頼関係ができてきたら、**規則正しい生活**が送れるように生活を整えていきます。昼夜逆転している子どもが多いので、これは大変な作業ですが、ひきこもりから脱出するには極めて重要になります。

それを実現するために必要なのが、毎日どこかへ通わなければならない状況を作ることです。どこにも行かないで家にいるだけならば、規則正しい生活に直すことはできません。行かなければならない場所が必要なのです。それが第3章でも述べた、全日型通信制高校の意義です。本来、通信制高校のスクーリングは毎日通わなくてもよいのですが、当会では毎日通ってもらいます。それがその後の自律に絶対に必要だからです。

最初は週1日でも通い始めることです。フリースクール、保健室、適応指導教室など、どんなところでも構いません。そこから週5日通うように増やしていきます。

引き続きカイトくんの例になります。

【カイトくんの事例】（続き）

年が明けて1月にアツヤくんが訪問すると、カイトくんが入浴や歯磨きをしばらくしていなかったので、今度はスマホとゲーム機一式全部を取り上げて帰りました。すると、何もすることがなくなり、カイトくんは部屋の大掃除を始めました。そして、5月以来、初めてリビングでご飯を食べました。お母さんはその時の様子をこう話します。「タンスまで廊下に出して掃除機をかけていたので、びっくりしました。さらにご飯をリビングで食べてくれたので、本当にうれしくて涙が出ました。さらに、一緒にアニメイトに行って、マンガを買ってほしいというので、うれしくて一緒に外出しました。親子で外出したのは8カ月ぶりでした」。

しかし、ここで、お母さんは失敗をしてしまいます。マンガを一気に17冊も買ってしまったのです。「大倉さんにお母さん買いすぎですと言われて、甘い対応だったと反省しました。よくなってきても、波があって、揺り戻しがあるから覚悟しておくようにと言われたのです」。

次の訪問の時、スマホとゲームを返してもらいに水道橋にある当会の教室まで行こうとアツヤくんに言われ、カイトくんは初めて教室に登校します。1月24日のことで、お母さんが当会へ初めて相談してから7カ月が経っていました。教室には2時間ほどいましたが、大倉はカイトくんが入浴していないことを指摘して、ゲームもスマホも返せないと突っぱねました。すると帰宅後、カイトくんは家で暴れて、家具を壊したのです。

その後も、スマホを返してもらおうと、アツヤくんと一緒に登校します。登校するたびにハードルを少しずつあげ、2月半ばには、週に3回くればスマホを返すという約束になりました。このころには、一番信頼を寄せているアツヤくんがスマホを取り上げる役となり、竹村ら大人のスタッフが「アツヤくんが怒ってるよ、やばいよ。俺らがスマホを返すように言ってあげるからさ」と話しかけて、交流を深めていきました。最初は話しかけられても「うざいんで、話しかけないで下さい」と返していたカイトくんでしたが、次第に大人のスタッフの話に応じるようになりました。

また、最初は昼12時までに登校すればいいルールにしていましたが、次第に時間を早め、朝10時30分までに登校するように約束を変えていきました。4月からは週4日の登校になり、個別で5教科教えてもらうようになりました。竹村に「カイトくん、英語このままだとやばいぞ。アツヤくんを見てみろ、大学受験で苦労してるだろ」と言われると、「そうですよね。僕、アツヤさんよりも勉強できないのに、もっとやばいじゃないですか」と言って、勉強するようになったのです。今では週5日通うようになり、9時50分に登校しています。スマホは、登校している間は自由にやらせてもらえることになっています。

同世代のみんなの役に立つ

こうして生活習慣を整えていき、大人とも話せるようになったら、**同世代と交流すること**が大事になってきます。ひきこもりの子どもたちは、同世代の中高生からバカにされるのではないかと感じ、怖いという感覚を持っている場合があるからです。

ですから、同世代と交流して自信をつけていきます。イベントや行事（できれば泊まりがけのもの）などに参加するのが、打ち解けるのに一番有効です。

同世代と打ち解けたら、次はイベントの企画や係の仕事などを任せていきます。**みんなの役に立つ仕事をして自信をつけてもらう**のです。

再びカイトくんの例と、1年間のひきこもりの後に復帰したハルトくん、高2で不登校を経験したコウタくんの例を見ていきます。

【カイトくんの事例】（続き）

2月下旬、カイトくんは週3回くらい登校するようになっていましたが、大人のスタッフと、インターンスタッフのアツヤくんや生徒会長のカズキくんなど、話せる人が限られた状態でした。

そこで竹村が提案したのが、3月のスキー旅行のイベントでした。「またアツヤくんにスマホ取り上げられてるんでしょ。スキー旅行に来たらスマホを返すように、アツヤくんに言っといてやるからさ。4月まで2カ月はスマホを使えるように交渉してやるよ」と誘いかけたのです。当会では毎月、生徒自身が企画したイベントを実施していて、このスキー旅行もその一環でした。ここでイベントに参加することで、同世代と交流して打ち解けてもらおうという狙いがありました。特に泊まりがけのイベントは、一気に距離が縮まります。絶好のタイミングだったのです。

カイトくんは「ちょっと考えさせて下さい」と言い、2日後になって、どこに行くのか、どのホテルに宿泊するのか質問してきて、グーグルマップで位置を確認したそうです。竹村は「慎重でしたね。本当にその場所があるのか、不安があったのでしょう」と、当時のカイトくんの様子を語ります。

カイトくんは参加を決めてくれ、参加してみると、行きの新幹線からすぐに周りの生徒たちと打ち解け始めていました。スキーが上手だったので上級コースで黙々と滑り、みんなと一緒に大浴場のお風呂に入って、夜はゲーム部屋でみんなでゲームをして盛り上がりました。この旅行で一気に打ち解けたのです。

こうして、4月からはだいたい週4日通えるようになり、新聞委員の編集長（委員は1人しかいませんが）を任せました。生徒たちの様子やイベントの様子を記事にしていて、これがとても面白く、生徒たちにも好評です。

こうして、カイトくんは自信をつけて、10月には毎日通えるようになりました。今は全日制高校受験に向けて、勉強を頑張っています。

【ハルトくんの事例】（現在、通信制高校2年生、野球のスポーツ推薦で高校入学後、不登校になり退学、1年のひきこもりを経験）

野球のスポーツ推薦で高校へ進学したものの、厳しい練習についていけず、高1の5月には学校に行かなくなってしまったハルトくん。6月に当会にお母さんと相談に来たものの、ここに通う気がせず、ひたすら家にあったゲームをしていたといいます。しかしゲームをやりつくしてしまい、新しいゲームを買うお金もなかったので、お母さんに「もう一回、前のところ行ってみようかな」と自分から提案したそうです。不登校になって1年が経っていました。再度当会に来て話し合い、高卒資格が必要だと感じて、提携する通信制高校に編入しました。

通い始めた当初は、誰とも話をしませんでした。「前の学校のこともあり、いざこざがあった時に面倒くさいので、誰とも仲良くしなくていいと思っていました」と当時の気持ちを話すハルトくん。しかしここでは、1人につき年1回以上イベント企画を立て、みんなの前でプレゼンをし、幹事となって引率しなければなりません。ハルトくんはクリスマス会を企画することになったのです。

1次会は飲食店でパーティー、プレゼント交換をして、2次会はスポッチャ（スポーツアミューズメント施設）でダーツ大会をしてみんなで得点を競い合う企画を立てました。「始まる前は不安しかありませんでした。しかも、作ったしおりに、持ち物に学生証が必要と書くのを忘れていたのです。スタートから失敗して、みんながつまらないと思うんじゃないかと怖かったです」と、当時の気持ちを振り返ります。しかし、パーティーが始まり、2次会のダーツ大会も全員が楽しんでくれている様子を見て、気持ちが楽になってきたといいます。

このイベントで自信をつけたハルトくんは、その後どんどん打ち解けていき、今では友達と密接に関わるようになりました。放課後も最後まで残って学校生活を楽しんでいます。将来に対しても前向きに考えるようになり、現在は大学受験を目指して勉強しています。

【コウタくんの事例】（現在18歳。高校受験で大学附属校に進学したものの、高2で不登校になり中退、通信制高校に編入して高校卒業を目指しながら、医学部進学に向けて

勉強中）

コウタくんは公立の小学校、中学校を卒業して、高校受験では第1志望校には不合格だったものの、第2志望の大学附属校に合格、入学直後の実力テストでは学年1位を取るほど優秀でした。しかし、第2志望だったため、モチベーションも低く、学校の雰囲気にも馴染めなかったため、5月からは学校にほとんど行かなくなってしまいます。9月には当会に相談に来ましたが、2学期からは学校で友達ができ始めたこともあり、復帰できるようになりました。しかし、高2になってクラス替えがあり、友達とケンカしたことがきっかけとなって、また行かなくなってしまいました。9月には学校を退学してしまい、10月から当会に通って通信制高校に編入しました。

しかし、コウタくんは「頑張ります」とスタッフに宣言してもまた遅刻したり、来なくなったりするのを繰り返していました。そこで、私たちは3月のスキー旅行イベントを任せることにしたのです。

旅行代理店とのやりとりも全てコウタくんが担当します。参加者の名簿を提出したり、保護者同意書を集めて提出したり、旅行代金も40万円ほどの大金を預かり、銀行に振り込みます。順調に仕事をこなしているように見えましたが、しおりを作るところで、挫折します。難しく思えてなかなか作れず、逃げ出したくなったのです。スタッフの竹村に励まされて徹夜で作成し、旅行の前日になんとか間に合わせました。「難しく思えて、逃げ出したくなったのですが、頑張ればできるんだと自信がつきました。スキー旅行自体も楽しくて大成功したので、達成感がありました」とコウタくんは語ります。このように、イベントの企画を経験することで、コウタくんは少しずつ自信をつけていったのです。

役割が人を成長させる

カイトくん、ハルトくん、コウタくんの例を見てきましたが、このように、イベントや行事に参加することで同世代と打ち解けて、さらに今度はイベントや行事を企画する側にまわることで、より一層の自信をつけていきます。私にとってはトラブルや事故がないか毎回冷や汗ものですが、それでも生徒のために必要なので、数多く企画させています。

ほかにも、委員会や部活動のキャプテンなど何でもよいのですが、みんなの役に立つ仕事をすることで、自信をつけていくのです。

当会の生徒たちを見ていても、生徒会長に抜擢したりすると、表情が全然違ってきます。責任感が芽生え、ほかの生徒に気を配ってサポートするようになります。

現在の生徒会長のモトヤくんも、大きく変わった一人です。高1から不登校になり、ゲーム漬けの毎日で、昼夜逆転した生活を送っていました。登校できずにスタッフの竹村とインターンスタッフのアツヤくんで毎日お迎えに行ったものです。それが今では毎朝きちんと登校し、ほかの生徒たちにも気を配り、顔つきもしっかりとしてきました。最近では「今の僕があるのはお母さんのおかげ」と言われたと、お母さんが泣いて喜んでいました。

前生徒会長のカズキくんも同じです。成績不振で不登校になり、相談に来た時は将来に絶望していました。それが生徒会長になってからは、生徒みんなに気を配り、率先して盛り上げてきたので、今ではみんなに頼りにされています。カズキくんが卒業したら「カズキくんロス」が起こるのではないかと心配されているほどです。本当に立派に成長しました。

こうして自信をつけてきたら、**いよいよ進路について考える**段階に入ります。親子とスタッフでよく話し合い、決まったらそれに向けて勉強をしていきます。高校受験、大学受験、高卒認定試験、公務員試験などの資格試験……道はその子によってさまざまです。自信もついているので、将来を積極的に考えられます。再び挫折しないためにも、学歴や肩書を重視するのではなく、本当に本人のやりたいことができるように、慎重に目標を見つけていきます。

親は焦って、子どもがよくなった兆候が見えると、すぐにでも進路について話し合おうとしますが、それが失敗のもとです。ひきこもりに逆戻りしてしまう危険性があります。決して、早い段階で進路について親から話を出さないことです。

この章で述べてきたひきこもりから脱出させるステップをまとめると、次のようになります。ただし、両親がそろって当会の方針を理解し、スタッフと一枚岩になることが大前提です。

ステップ①　規則正しい生活をする

高校生インターンスタッフによる訪問（最初はベテランスタッフと２人組で訪問）

↓

身支度を整える（お風呂・歯磨き・ヘアカットなど）

↓

連れ出し（週1回でも家から出るようにする）

←大人とコミュニケーションをとる（今後の通学先となる場所の大人と信頼関係を築く）

←規則正しい生活（通学を週1日から週5日に増やしていく）

←**ステップ② 自律して自信をつける**

同世代と交流する（行事やイベントへの参加）

←みんなの役に立つ仕事をする（行事やイベントの企画運営、委員会や係、生徒会など）

←進路について考える

（親子とスタッフの三者で子どもが本当に望む進路を考え、そのための勉強をしていく）

ここまでくれば大丈夫なように見えますが、あと一息、もうひとつ最後のステップがあります。不登校・ひきこもりを克服したと思いきや、再びひきこもりに逆戻りしてしまうケースがよくあるからです。２度目のひきこもりになってしまうと、復帰するのはさらに大変になり、５年、10年と長期間のひきこもりにつながる場合もあります。

そうならないための最後のステップは、**③社会貢献をする**ことです。詳しくは次の章で述べていきます。

第6章

社会貢献をして支援される側から支援する側へ

最後のステップは社会貢献

第5章ではひきこもりから立ち直るステップを見てきましたが、最後の重要ステップがこの章で述べる**社会貢献をする**ことです。

ひきこもりから立ち直ってきたように見えても、ちょっとしたことがきっかけとなり、再度ひきこもりになってしまうケースがよくあります。そうならないためには、社会貢献やボランティアをして、自分が社会の役に立っている、人のためになっている、信頼されていると実感できることが重要なのです。すると自信がつき、視野が広がり、自分自身の目標が明確になって、将来へ向けて勉強や仕事に打ち込んでいけるようになります。

当会が、ひきこもりから立ち直ってきた高校生の生徒や大学生のOB・OGに社会貢献をさせる方法として行っているのは、**学生インターン**です。教職員スタッフに交じってチラシやホームページのブログを作るだけでなく、教職員のミーティングや保護者会にも参加してもらいます。

特に重要な仕事は、ベテランスタッフとともにひきこもりの子どもの家庭を訪ねる、訪問サポートです。とりわけ高校生インターンは、ひきこもりの子どもと同年齢、同世代であり、それがどれだけひきこもりの子どもの心を開かせるのに効果があるのかは、これまで述べてきた通りです。この仕事はひきこもり当事者だけでなく、高校生インターン自身の立ち直りにも効果があります。社会や人の役に立って、周りから信頼を得ることで、大きな自信になるのです。

第5章でカイトくんのひきこもりからの立ち直りに大きな役割を果たした高校生インターンのアツヤくんの例をあげて、見ていきます。

【アツヤくんの事例】（通信制高校に通う18歳。高校1年の夏に不登校を経験、現在は学生インターンとして活躍しながら、大学受験に向けて勉強中）

実はアツヤくんも、高1で当会に来たばかりの時は、スタッフの竹村が話しかけても無視したり、イベントにも参加しなかったり、教室にいても部屋の隅でゲームをしているだけでした。

「杉浦代表の本を読んで、真っ当なことを言っているから、ここなら通ってもいいと思ったけど、実際に会ったら胡散臭《うさんくさ》いオッサンだなと感じて、絶対入らないつもりだった」そうです。しかし、竹村が熱心に関わっていくうちに、心を開いていきます。放課後に一緒に温泉に入ったり、文化祭に一緒に遊びに行ったりしているうちに、だんだん仲良くなってきました。

ただ、三者面談で問題が起きました。ファッションデザイナーになりたいアツヤくんと、難関大学進学のためにどうしても都立高校へ転学させたいお母さんとで言い争いになり、私の前で大ゲンカを始めたのです。アツヤくんは「ちゃんと育てられないのに、産むんじゃねえよ！　産んだんだから責任持って、金出せよ！」と怒鳴ります。手が出てしまうのではないかとハラハラするくらいの緊迫した状況だったのですが、私やスタッフの竹村がお母さんに、アツヤくんに進路の選択を任せ、応援してあげるよう説得したのです。

これを機に私たちを完全に信頼してくれるようになったアツヤくんに、学生インターンをしないかと提案しました。学生インターンなら給料をもらいながら通えますし、もともと能力が高くセンスのいいアツヤくんなら、レベルの高い仕事ができると思ったのです。

それまでは遅刻したりサボったりしていましたが、仕事となると給料にも関わってくるので、毎日来るようになりました。ポスター作りやチラシ作りもセンスがよくてみんなから評価され、学生インターンのブログもアツヤくんが最初に始めました。アツヤくんに続いてインターンをする人に向けたマニュアルも作成してくれました。インターンになって責任感が出て、一生懸命に仕事に取り組んでくれるようになったのです。

そこでチャレンジしてもらったのが、ひきこもりの子どもの訪問サポートでした。自分もひきこもりを経験したからこそ、当事者の気持ちをわかってあげられます。歳も近く、打ち解けて信頼関係を築くには最適な人選でした。

こうして、アツヤくんはカイトくんの訪問サポートをしてくれるようになりました。インターンをしながら、どんなことを感じ、どんなことを考えてきたのか、ブログに記してある文章を抜粋します。

一番僕が重視したのは「信頼関係を築く」ことです。僕が思う「信頼関係」とは、双方が互いに認め合い、手を差し伸べあえる関係の事だと思っています。

今、「あれ?こいつ普通の事言ってね?」と思われた方が多数だと思いますが意外と違うんですよ……。

今までの学校生活の中で教師たちは「信頼できる教師」だの「生徒との信頼できる関係」だのと、ほざいていたのですが、僕は高卒支援会に入るまで、一人たりとも「教師」という存在を信頼したことがなかったんです。なぜなのか……。

それは上っ面だけの言葉と一方的な会話のドッジボールしかしてないのにも関わらず、コミュニケーションをとっていると勘違いしている教師があまりにも多すぎるからです(すべての方がそうだというわけではなく僕が経験した上だけの話です)。そういうコミュニケーションの取り方だと残念ながら「信頼関係」は築けないと僕は思っています。

偉そうに書いてしまいましたが、では僕がどうやってカイト君とコミュニケーションをとっていたのかという具体例を一つあげてみようかなと思います。

僕は話してくれないカイト君を前にしてどうしたら話してくれるのかと試行錯誤していたのですが、あるとき、昔読んだ心理学系の本に「男性は相手が秘密を明かしてくれると、信頼しやすい」というようなニュアンスの事が書いてあったのを思い出しました。まあ簡単に言うと「腹割って話す」ということなのではないかなと思います。

　そんなことを思い出した僕は、他人にはめったに言わないような「自分の家庭のこと、なぜ自分は不登校になったのか、将来の夢は何か」などカイト君に話してみました。そのあとくらいから徐々にカイト君が口を開いてくれるようになったと思います。（ブログより一部抜粋）

　アツヤくんがひきこもり状態のカイトくんと信頼関係を築くために真剣に考えて行動し、それによって成長していった様子を感じていただけたと思います。熱意ある行動のおかげでカイトくんはアツヤくんに絶大な信頼を寄せ、ひきこもりから脱出できるまでになりました。カイトくんのみならず、カイトくんのご両親、周囲のスタッフや生徒たちからも、大きな信頼を得ました。カイトくんのお母さんに至っては「アツヤくんが息子に宛てて書いた手紙が、ゴミ箱に捨ててあったのですが、拾って大事にとってあります」と言うくらいです。アツヤくんは教室でもすっかり兄貴分のような信頼される存在になったのです。

これだけ信頼されて自信がつくと、自己が確立され、進路でも迷いがありません。デザイナーになるという夢に向かって、服飾を学べる大学へ進むべく受験勉強を頑張っています。

支援される人から支援する人へ

続いては、そんなアツヤくんを見て当会に入ったユウキくんの例です。

【ユウキくんの事例】（高1の夏から1年半のひきこもりになり、うつ症状で1カ月の入院も経験。学生インターンのアツヤくんに憧れて当会に入会し、高卒認定試験に合格。学生インターンを経て現在は社員に）

第5章で学生インターンのアツヤくんに憧れて入会してきたと紹介したユウキくん。最初の体験期間で、すぐにフットサル大会に参加し、その打ち上げの焼き肉食べ放題、カラオケにも参加して、人見知りのユウキくんにしてはかなり早くから馴染んできました。入会前は昼間寝ていて夜アルバイトに行く生活をしていましたが、登校するために昼間に出かけられるようになりました。イベントに参加して遊園地に行ったりしているうちに「やっと居場所ができたと感じました」と言います。

ユウキくんは通信制高校で高卒資格を取りたかったのですが、サポート校の授業料は高校授業料無償化の適用外であるため、家庭の事情で断念して、高卒認定試験を受けることにしました。そういった事情なら、給料をもらいながら勉強できる学生インターンにならないかと提案したのです。5月に初めて相談に来てから1カ月後の6月には講演会で司会を担当し、7月には保護者会でプレゼンもしました。

ひきこもり訪問サポートでは、4カ月自室に閉じこもり、半年以上家族と会話ができていない高校生の訪問を担当しました。最初の訪問では高校生は話してくれなかったものの、お菓子をあげたり、その子がやっているゲームについて話したりすると、訪問2回目で徐々に返事をしてくれるようになってきたそうです。普通、大人のスタッフに打ち解けてくれるまでには非常に時間がかかるのですが、2回目でコミュニケーションをとれるようになるとは、素晴らしい効果です。

ユウキくんも、「今までサポートされてばかりだったので、今度はサポートする側に立ててうれしかった。学生インターンのアツヤくんや生徒会長のカズキくんの活躍がまぶしくて、自分もこんなことをやれる日が来るとは思っていなかったので、自信がつきました」と言い、試験勉強も順調に進んで、12月には見事に試験に合格しました。

アツヤくんとユウキくんの例のように、学生インターンは、支援してもらう側も支援する側も双方が自律していく素晴らしいシステムです。

学生の立場では遅刻したりサボったりしていても、インターンという責任ある立場になると、ちゃんと来るようになってきます。自分の仕事が人の役に立ち、人から評価されているとなると、もう、いい加減なことはできません。自覚が芽生えてきます。自分が担当している生徒の面倒をよく見てあげ、その子が抱えている問題を真剣に考えるようになってくるのです。非常に大きな成長です。

また、学生インターンはキャリア教育の一環でもあります。お給料をもらいながら社会経験を積める貴重なシステムです。特に最近の子どもたちは、小さいころから受験勉強ばかりしてきてお手伝いをしておらず、働く実体験が不足しています。そのため、私はお手伝いやアルバイトを推奨しています。稼ぐことを体験するうちに、職業観が育ってきます。自分の適性もわかってきますし、職場での会話が視野を広げ、人生観を豊かにします。特に当会でのインターンは、不登校・ひきこもり・高校中退と、教育現場で大きな問題になっていることを扱うので、教員採用試験や塾業界を目指す生徒にとっては、絶好の学びの場でしょう。

本来、子どもは地域で育てるものです。昔は地域のコミュニティの機能が働いていて、子どもの親だけでなく、近所のおじさんおばさんなど多様な人が関わって、地域全体で子どもを育てていくものでした。不登校・ひきこもり問題の原因のひとつに、そういったコミュニティの機能が失われてきたこともあります。昔の子どもは親以外の身近な大人にいろいろなことを教わり成長していきましたが、現在ではそういう機能が働きません。ですから、学生インターンやアルバイトが、親以外の大人と接する大事な機会になるのです。

生活改善合宿

学生インターンで経験を積み、高卒認定試験にも合格したユウキくん。すっかり復帰できたと周囲も本人も思っていたのですが、実は合格後に、またひきこもりに戻りそうになってしまいます。

なぜでしょうか。それは、高卒認定試験が終わってやることがなくなってしまい、毎日通う必要性を感じなくなってしまったからなのです。第5章で述べた通り、**毎日行かなければ**

ならない場所がないと、規則正しい生活ができなくなってしまいます。

ユウキくんが当時をこう振り返ります。

「試験に合格したら、それ以降、登校することに執着しなくなってしまいました。それで生活は昼夜逆転に逆戻りしてしまい、ひどいときは午前4時に寝て午後2時に起きたりしていました。竹村さんから電話で起こされて、ようやく遅い時間に登校している状態でした」

このころのスタッフブログでは「寒くて起きられない」と書いてあり、スーパーでのアルバイトも欠勤が続き、辞めてしまいます。お母さんも「もう息をしているだけでいいと思うようになった」と言います。ほぼひきこもりの状態で、気持ちはどん底に落ちていました。

こうした状況を打開しようと私たちが考えたのが、**生活改善合宿**です。

それまでも、生徒には生活改善のためにスタッフの家に泊まりに行ってもらうことがありました。ユウキくんもスタッフの家に何度か泊まってもらいましたが、スタッフと夕方から夜を一緒に過ごして早めに寝るようにすると、翌日はスタッフと一緒に登校するので、朝早くから活動できます。しかし、その次の日には疲れが出たといい、またそこから何日も休んでしまうのです。1泊や2泊の短期間では生活改善まで持っていくのは難しいのです。長期間になればなるほど生活改善につながりますが、スタッフの家庭の負担を考えると長期間はお願いできません。ホテルに宿泊となるとかなりの金額がかかってしまいます。

そこで協力してくれることになったのが、障害者支援施設「日の出太陽の家」を運営する社会福祉法人太陽福祉協会の理事、及び、NPO法人日の出太陽の家ボランティアセンター理事長の久保田武男さんでした。

日の出太陽の家は、東京都西多摩郡日の出町にあり、「一人ひとりが太陽に」という理念のもとに設立された知的障害者支援施設です。ほかにも忍者体験ができる武家屋敷、東京地球農園、日の出太陽の家ボランティアセンターなどの施設が併設されています。

ここではボランティアを常時募集していて、日の出太陽の家で知的障害者の活動のお手伝い、武家屋敷で忍者体験をする人のお手伝い、地球農園で農作業のお手伝いなどのボランティア活動を行っています。企業の研修などで使用されることも多く、さまざまな人のボランティアで運営されています。

大自然に囲まれた環境で、社会貢献ができる、まさに理想の生活改善合宿の場所が見つかったのです。しかも宿泊費は特別に免除していただき、必要なのは滞在期間中の食費分だけで、1食530円と破格の値段です。これなら長期間の滞在も可能です。久保田さんにお願いして、ここに3泊4日で宿泊させてもらい、さらにスタッフらの家で4泊する、合計7泊8日の生活改善合宿を企画しました。

太陽を浴び、身体を動かす

こうした合宿をユウキくんに提案したものの、最初の反応はあまりよくなく、消極的でした。ユウキくんは、「またひきこもりになってしまった挫折感から、どうでもいいと思った」と言います。そこで、なぜ合宿に行く必要があるのか、スタッフの大倉が約2週間にわたってこんこんと説明し続けてくれました。2回目のひきこもりは長引くことが多く、このチャンスを逃したら二度と復帰できないかもしれないとの説得に、ユウキくんは「このままでは復帰できないのではという焦りと、自分のために先生たちがここまでやってくれたことに応えたいという気持ちがありました。先生とは普通の先生と生徒という関わりを超えた、友人同士のような信頼関係があったからです。自分の気持ちに共感してくれて、あと押しをしてくれたことが、励みになりました」と言います。ユウキくんは自分で行くことを決心しました。そして夜寝てしまうと起きられないと思い、徹夜で日の出太陽の家へ向けて出発したのです。

図表15　生活改善合宿のスケジュール（3日間）

1日目

10時	JR青梅駅へ　久保田さんのお迎えで日の出太陽の家へ
10時30分	スケジュールなど久保田さんと打ち合わせ
11時	企業ボランティア受け入れ準備
12時	昼食（日の出太陽の家食堂）
	企業ボランティア出迎え、自己紹介、DVD上映（日の出太陽の家物語）
13時30分	日の出太陽の家作業班に合流、プランターに花を植える作業の手伝い
16時	作業終了、バーベキュー準備、一緒にバーベキュー交流
18時	夕食（日の出太陽の家食堂）
19時	入浴（日の出太陽の家）
19時30分	日の出太陽の家利用者、企業ボランティアの方と交流
20時30分	交流会終了　この日の記録を書く
22時	就寝（武家屋敷）

2日目

7 時	起床
8 時	朝食（日の出太陽の家食堂）
9 時	農園に出発、買い物、昼食準備
10時	企業ボランティアの方を駅で出迎え
10時30分	農作業（トウモロコシの肥料まき）
12時	農園で昼食準備、昼食
14時	企業ボランティアの方を駅まで送る
15時	武家屋敷に戻る
18時	夕食、入浴
20時	団体客チェックイン、車を第2駐車場へ誘導、武家屋敷利用説明
21時	離れに戻って記録
22時	就寝（武家屋敷）

3日目

7 時	起床
8 時	朝食
10時	団体客チェックアウト、ボーイスカウト下見打ち合わせ
13時	忍者体験（韓国エンタメ動画配信サイトのロケ手伝い）
15時	花咲まつり（日の出太陽の家主催のお祭り）の忍者体験打ち合わせ
18時	夕食、入浴、記録
22時	就寝（武家屋敷）

ユウキくんがどのように過ごしたか、その詳しいスケジュールは図表15の通りです。予定はこのように組んでいましたが、ユウキくんは徹夜明けだったため、バーベキューの後に就寝しました。ユウキくんはブログで「(最初は) 緊張して利用者の方とうまくお話しすることができませんでしたが、土をすくうのを手伝ったり、どの花を植えるか選んだりと少しはお手伝いができたかな、と思います。利用者の方と職員の方が楽しそうにお話ししているのを見て、とても素敵だなと思いました! 1日目から健康的な生活ができたなと思います!」と綴《つづ》っています。

体を動かすと、自然とお腹がすくのでたくさん食べますし、疲れて早く眠くなります。すると、自然と早起きができるようになります。早寝早起きができ、たくさん食べるようになると、体調もよくなり、体力も出てきます。

ユウキくんはもともと痩せていて、食が細く、竹村が牛丼を一緒に食べに行った時も「牛丼1杯食べるのに、40分もかかるんですよ!」と報告を受けたくらいです。身長は170センチくらいあるのに、ひきこもりのピーク時は体重が42キロしかありませんでした。これでは体力がなく、毎日活動できないわけです。日の出太陽の家食堂では、有名店で経験を積んだ元シェフの方が料理を作ってくれるので、ユウキくんも美味しいご飯をたくさん食べられたようでした。

２日目の主な作業は、私たちスタッフが下見に行った時に種まきしたトウモロコシに、肥料をまくことでした。ユウキくんは「今回の合宿のなかで、一番体を使った作業でとても疲れましたが、いい天気の中、日に当たりながら農作業をするというのも、とてもいい経験でした」とブログに綴っています。また、「○○社の方がなぜいらっしゃっていたかというと、こういった自然に触れ合うボランティアを社員の方が定期的に行うべきだという○○社の方針らしく、しかも今回はプライベートでいらしていたそうです‼　やっぱりこういう体験はいろんな人が大切に感じているんだなと思いました。（中略）疲れて早く寝る習慣がつき、少し体が軽くなってきたのを感じました！」と感想を書いています。

３日目の主な作業は、韓国のエンタメ動画配信サイトの配信者が、武家屋敷の取材撮影に来るので、そのお手伝いをすることでした。ここでは忍者の衣装や手裏剣《しゅりけん》などの忍者道具があり、久保田さんの忍者講座を受けて忍者体験ができます。ユウキくんも事前に久保田さんから忍者講座を受け、忍者姿で韓国の取材者を迎え入れました。「日本のイケメン忍者」という触れ込みで久保田さんの助手となり、取材者が忍者の衣装を着けて忍者講座を受けるのを手伝いました。

取材撮影が終わったあとは、宿泊最終日ということで久保田さんとたくさん語り合ったようです。ブログでは、「悩みがある時はこうしたらいいよ、など僕のことについてもいろいろ考えてくださり、また久保田さんが障害者の方へのボランティアを始めたきっかけや障害のある方々についてのお話を聞くことができました。生活改善のため今回の合宿をさせてもらったのですが、それ以上に貴重な体験をたくさんでき、お話を聞くことができてよかったです！」と述べています。

4日目は起床後に朝食をとって、日の出太陽の家を出発し、当会へ登校しました。

余計なことを考える時間をなくす

ボランティアをすると、普段は接することのないさまざまな人たちと交流できます。障害のある方はもちろん、施設のスタッフの方やそこへボランティアに来る社会人など、多くの人がどんなことを考えどんな活動をしているのか、知ることによって視野が広がります。自分の悩みは、なんてちっぽけなことなんだと感じるかもしれません。

ユウキくんはこうした体験をして、「心境の変化、考え方の変化がありました」と言います。「自分は親に迷惑をかけてしまっているというネガティブな気持ちだったのが、迷惑をかけないようにこれからどうすればいいか、というポジティブな方向に変わりました」というのです。

これには、4日間ずっと明確な作業予定があり、常に人とコミュニケーションをとっているので、ネガティブなことや余計なことを考える時間がないというのも、理由のひとつにあげられるでしょう。ひとりで悶々と考えていては、いい方向にいくわけがないのです。人と話し、日の光を浴びて作業をすることがいかに大事か、ユウキくんも実感したことと思います。

また、やせ細っていたユウキくんでしたが、4日間の規則正しい生活で、よく食べるようになり、顔色もとてもよくなって帰ってきました。

4日目には当会へ登校して、その後スタッフの大倉、竹村、同級生のコウタくんの家に泊まらせてもらいました。なるべく体を動かす活動をして、家のお手伝いもして、早寝早起きで8日間の合宿が終わりました。

合宿が終わったユウキくんがブログに綴った感想です。

「体をしっかり動かしたり、人としゃべったりすると睡眠もしっかりしたものになって、ある程度睡眠時間が短くても起きれるようになってきました。健康な生活をすると、こんなに体の調子が変わるのか、と思いました！（中略）体が少し丈夫になった気がします（笑）。合宿前の悪い気分も払拭されたかなと思います」

翌月にもユウキくんは1泊2日で、日の出太陽の家のお祭り「花咲まつり」のお手伝いに行っています。お世話になった久保田さんには「ユウキくん、すごくいいですね、ナイスガイです。農作業も積極的にやるし、知的障害者への対応もすごくよかったです。可能性をいっぱい持った素晴らしい若者です！」とお褒めの言葉をもらいました。

こうして社会貢献ができると、よりしっかりと立ち直っていきます。2度目のひきこもりから脱出したユウキくんも、合宿から帰ってさらに明確な目標を持って仕事に突き進むようになりました。

それが、「はじめに」でも述べた、通信制高校サポート校の授業料を高校授業料無償化の対象に広げようとする活動です。東京都議会に陳情書を出し、実際、２０１８年12月に都議会で審議されました。都議会議員や区議会議員に説明したり、マスコミに対応したり、都庁に出向いたり、その活躍ぶりは目を見張るばかりです。

ユウキくんは、「ひきこもりの時とは、やっていることのレベルが全然違って、僕もびっくりしています。やりがいを感じることが多くなり、自分の行動が社会をよくしていく、社会に貢献していると思えるようになりました」と言います。一般の高校生ではできないような経験を積んでいます。ユウキくんが取り組んでいるサポート校授業料無償化を大勢の人に知ってもらい、今後、大きなムーブメントに発展させてほしいと私も願っています。

ユウキくんはその後、学生インターンから正式に社員となり、今も活躍してくれています。

障害のある人とのコミュニケーション

もう1人、生活改善合宿に参加したのがコウタくんです。

第5章で紹介したように、コウタくんはスキー旅行イベントの企画を通して大きく成長しました。大学受験を目指して勉強するようにもなりました。しかし、遅刻をしたり塾をサボったりして、バレると「今度からは頑張ります」と宣言してはまた同じことを繰り返していました。そこで、スタッフの竹村が説得して、日の出太陽の家に生活改善合宿に行かせることにしました。コウタくんは「僕はあまり行きたくありませんでした。アニメも観れないし、ゲームもできない、ネットもできない、陸の孤島だと思いました。でも、ユウキくんが合宿に行って変わった様子を見て、行くことにしたのです」と当時を振り返ります。

こうして、コウタくんは3泊4日で合宿に行きました。ユウキくんのときと同様のスケジュールで、同じようにさまざまな体験をしてきました。1日目は利用者の知的障害者の方と一緒に作業。2日目は横田基地のアメリカンスクールに通うアメリカ人中高生が忍者体験に訪れたのでそのお手伝いと、地球農園でヤングコーンとジャガイモの収穫。3日目に企業の方の受け入れお手伝い、忍者体験のお手伝い。4日目に企業の方を送りだして出発、当会へ登校、というスケジュールでした。

コウタくんが最も印象に残ったのは、障害のある人たちとのコミュニケーションだったそうです。

「一緒に映画を観たのですが、観ていられない人や、しゃべってしまう人など、いろいろな人がいました。なかでも印象に残っているのが、ずっとドアを開けたり閉めたりしている女の人でした。それがとても楽しいらしいのです。その人が僕のことをとても気に入ってくれて、ずっと手をつないでいました。この人なりのコミュニケーションのとり方なのだと思いました」

また、コウタくんはブログにもこんな感想を綴っています。

「3日目の夜に久保田さんとそのお友達の人と食事をしました。そのお友達の方は奥さんが軽度の知的障害を持っているのですが、お友達の方がこんなことを言っていました。

『今日ここに来る途中、奥さんとお昼ご飯食べてきたんだけど、そのときこんなことを言っていたんだよね。さっき食べた赤くてひょうたんの食べ物おいしかったねって。』

僕『なんですか、それ？』

『俺もそう思ったんだけどなすびのことだったんだよね。普通なら何いってんだ？ってなるとこだけどそれが彼女なりの表現の仕方なんだよね。障害者って分類するほどのことでもないんだよね。』

そんな話をしていて幸せそうだなって思いました」（ブログより一部抜粋）

障害のある人たちとコミュニケーションをとって、思うことがあったのでしょう。合宿に行ったのは6月でしたが、その後も、自分から7月も8月もボランティアに行っています。

コウタくんは何度もボランティアに行った理由をこう語ります。

「8月には親から虐待を受けた子どもたちの施設に入所している子たちが忍者体験に来ました。全員小学生です。この子たちと一緒に遊んだりして、とても仲良くなりました。みんな懐《なつ》いてくれて、とても可愛かったのです。引率の方からも、僕のおかげでみんなが楽しめた、施設には中高生もいるので、進路について相談にのってほしいと言われて、自分が頼りにされていることがとてもうれしく、自分自身の励みになりました。視野や価値観も広がりました。僕は医学部を目指そうとしていますが、本当に自分が医者になるべきなのか、ここで確認したかったんだと思います」

8月のボランティアは内緒で行ったので、帰ってきてから竹村に「受験直前なのに、何やってるんだ。ボランティア自体はいいことなんだから、ちゃんと話して、時期を考えて行け」とこっぴどく叱られていましたが……（このことについては、第7章で詳しく述べます）。

自己肯定感を高める

いずれにしても、ボランティアという社会貢献をして、社会や人の役に立てると実感できると、自分自身を見つめ、しっかりした目標を持って行動できるようになります。コウタくんもこの後は塾をサボることもなく、しっかりと受験勉強をするようになりました。

また、規則正しい生活が身につくのも大きな利点です。コウタくんは「それまではなかなか朝起きられなくて、だいたい昼ごろに起きて4時ごろ（当会へ）登校していましたが、この合宿後からは、夜中まで起きていても、遅くとも朝9時には起きられるようになりました。朝必ずご飯を食べるようになって、そうすると日中起きていられるのです」と言います。

これまで見てきたように、学生インターン、そして日の出太陽の家での生活改善合宿を通して社会貢献することが、不登校・ひきこもりから復活していく最後のステップになるのです。ユウキくんのように、ひきこもりへ再び戻りそうになることも防げます。

社会のため人のためになることで、周りから信頼を得て、自信をつけます。視野が広がり、自分自身の目標が明確になり、将来へ向けて勉強や仕事に打ち込んでいきます。

不登校・ひきこもりの子どもたちは、非常に自己肯定感が低いのが特徴です。子どものころから親が過干渉であったり、何でも親が先回りしてやってしまったりしているので、小さいころからの成功体験が少ないのです。本来なら親は手だしをせずに、子どもができるようになるのをじっと見守るべきなのです。そうして子どもが小さな成功体験を積み重ねていくと、自己肯定感や自信がついてくるのです。

しかし、不登校・ひきこもりの子たちはそういった経験が少なく、自信がない子がほとんどです。そのため、こうした社会貢献が大きな成功体験となり、自分を肯定できるようになっていきます。

第7章

病気との関連性、スマホ・ゲーム依存への対策

それ、本当に病気のせい？

さまざまな例をあげて、不登校・ひきこもりになってしまう子、そこから復活していく子を見てきましたが、近年多いのが、「起立性調節障害」や「発達障害」「うつ病」などと診断され、それが原因で不登校になってしまったと相談に来るケースです。今まであげてきた例のなかにも、それに該当する生徒たちがいます。私たちは医療機関ではないので、医学的見地からは何も言及できませんが、長年そういった問題を抱える生徒と付き合うなかで感じてきたことや、私なりの見解について述べてみようと思います。

起立性調節障害は自律神経系の異常から循環器系の調節がうまくいかなくなり、立ちくらみ、寝起きの悪さ、倦怠感、頭痛などを訴える病気です。小学校高学年から中学生、高校生に多く見られ、日本小児心身医学会によると、不登校児童生徒の3割から4割が起立性調節障害を併発しているといいます。医師も原因不明としている場合が多く、詳しいことはまだわかっていません。

これが原因になって、朝起きられず、午前中は登校できなくなり、不登校や高校中退に至ったと相談に来るケースがとても多いのです。

しかし、起立性調節障害の生徒を見ていると、普段は起きられなくても、イベントで東京ディズニーランドに行く、スキー旅行に行くとなると、早朝の集合でも遅刻せずに参加できるのです。

今までの経験からすると、起立性調節障害があっても、親から押し付けられたのではない、自分の本当の目標が定まり、朝起きる明確な目的ができると、自然に起きて登校してくるようになります。たいていの場合、20歳ごろまでには自然に治っていきます。

発達障害（自閉スペクトラム症、その他の広汎性発達障害、学習障害、注意欠陥多動性障害、その他これに類する脳機能障害）があるといって相談に来るケースも増えています。私たちはそういった傾向があると軽く留意しながら指導するだけで、特別視することはありません。ひとつのパーソナリティ、個性としてとらえて普通に接しています。あまり色眼鏡で見て指導すると、かえってよくないと感じています。発達障害が一般的に認識されるようになったのはここ10年くらいのように思いますが、その前までは、ちょっと個性のある子というくらいのものでした。ですから、私たちは個性のひとつくらいに考えて対応しています。それで何か特別困ったことはありません。そういった子でもほかの子と同じように、不登校・ひきこもりから脱出していきます。

ただ問題なのは、子どもが不登校になったり、退学や転学するのに手続きが必要となると、学校が「医師の診断書を持ってきてください」と要請することが多くなっていることです。親もどうしたらいいかわからないので、駅前にあるクリニックなどに子どもを連れていきます。精神科という言葉には心理的抵抗があるので、今は心療内科が主流です。心療内科でも診察対象に青少年の不登校・ひきこもり、思春期外来などと看板やホームページに記載していますから、親はここで診察してもらったら治るのかもしれないと思うのでしょう。

心療内科で診察された子どもたちは、うつ病、不安障害、適応障害、統合失調症、自律神経失調症など、さまざまな病気として診断されてしまいます。すると、さまざまな向精神薬が処方されます。Aという薬が効かなかったらBという薬に替えるというのが他の診療科では一般的ですが、精神科・心療内科では、Aに加えてBという薬も投与され、それでも効かなかったらさらにCを加えるというように、どんどん薬が増えていきます。この向精神薬多剤投与は社会問題化していて、防止のために、平成30年には厚生労働省が多剤併用すると診療報酬改定で減算対象となるという通達を出しています（平成30年厚生労働省告示第43号「診療報酬の算定方式の一部を改訂する件」）。しかし、現状では減算対象になるだけで、報告書を提出すれば多剤投与もできてしまうのです。
もちろん、全ての医師が多剤投与しているわけではありませんが、社会問題化していることは事実です。

「薬漬け」への疑問

私は専門家ではありませんので詳しい説明はできませんが、実際の生徒たちの感想を聞くと、薬で治すという方法に疑問を感じます。

例えば第6章で紹介した、生活改善合宿で復活したユウキくんもそうです。
ユウキくんが学校に行けなくなって1週間後、お母さんは学校のスクールカウンセラーに相談しています。すると、スクールカウンセラーからすぐに心療内科を受診するように言われます。翌週に心療内科を受診しました。すると、ユウキくんはうつ病、社交不安障害と診断され、自殺をする可能性があると判断されて病院に入院します。約1カ月後に退院し、その後は通院しながら3種類の薬を服用するように言われます。

その後、ユウキくんは高1をもう一度やりなおすことになって、4月から学校に通い始めましたが、「教室のなかで嫌な怖い感じがする」と訴えたため、医師はさらに薬を増やします。

ユウキくんは「薬を飲むと、頭がボーッとして、本当の自分じゃないみたいな気持ちになって嫌でした」と言います。外出するときだけの服用でもよいか主治医にたずねたものの、「飲み忘れると症状が不安定になるので、欠かさず飲むように」と言われて、飲み続けていました。ある時アルバイト先の知り合いに、「薬が効いてるの？　効いていないなら、飲まなくていいんじゃない？」と言われて、ハッとしたそうです。

「それで、薬を飲むのを一切やめて、病院へ通うのもやめました。すると、頭がボーッとする変な感じがなくなったのです」

その後のユウキくんの復帰の様子は、第6章で述べた通りです。薬を5月にやめて、翌月の6月には当会で学生インターンになり、立派に司会をしたり、プレゼンをしたり、資料を作ったりしています。

さまざまな見方がありますが、個人的には、私はこれらの問題は病気とは考えていません。薬で治すよりも、自分が本当にやりたいことを見つければ、そのために行動できるようになって自然と治っていくように見えます。

こういうことを書くと、「うちの子が頭痛いとかお腹痛いとか言うのは、やっぱり仮病なんだ」と思う、お父さんお母さんもいるかもしれません。しかし、本当に痛い場合も多いので、仮病と決めつけてはいけません。**サボって起きられないことと、本当に具合が悪くて起きられないことの違いは、親でもわかりません。**そこで「あんた、本当はサボってるんじゃないの」「頑張れば行けるんじゃないの」と言うのはダメです。それはＮＧワードです。これを言ったら、親子関係が悪くなってしまいます。親が子どもを疑うと、親への信用性がなくなります。親はどうせわかってくれないと思うと、反抗するようになるだけです。

ただ、最初は本当に痛かったけれども、親がマンガを買ってきてくれた、ハンバーガーを買ってきてくれたというように甘やかすと、それを利用しようと思い始める場合もあります。実際に、生徒と仲良くなってくると「あの時は実は仮病だったんだ」と告白されることもあります。

信じすぎると今度はなめられるので難しいですが、疑うよりはまだいいと思います。ただ、家族で判断するのは難しいので、これにも第三者の目が必要になってきます。私たちはたくさんの例を見ていますから、本当に具合が悪いのか、そうでないのか、ある程度判断ができます。親子だとその基準がわからないので、第三者に見てもらうのがベターです。

自我のコントロール

どちらにしても、不登校・ひきこもりの生徒は、何かしら病気の診断をされていることが少なくないのですが、それは薬で治すのではなく、環境を変えて、自分の本当にやりたいことを見つけることで治っていきます。やりたいことを見つけると、その道を進むために自分で学校に行くなり働くなりして、元気になります。

また、不登校やひきこもりの子には防衛機制を起こすケースが多いのではないかと感じています。防衛機制とはフロイト心理学の用語で、外界の環境や心身の変化に対応して湧き起こる無意識レベルの不安や恐怖、欲望、衝動から自分自身を守るために、無意識的にもたらされる防御反応のことです。難しそうに聞こえますが、つまりは「高度な言い訳」です。

第6章でコウタくんが、内緒でボランティアに行って竹村にひどく叱られていましたね。コウタくんは10月に大学の推薦入試を控えていたのに、8月という直前期にボランティアに行ったから怒られたのです。ボランティア自体はいいことで、本人は「自分が本当に医師になるべきかどうか確認に行った」と言いますが、本心では、迫りつつある入試に向けて勉強しなくてはならないのに、いっこうに数学の偏差値が上がらず、勉強から逃げ出したい気持ちがあったのです。そこで勉強から逃げ出す口実としてボランティアに行ったのです。コウタくんに悪気はありませんが、これは誰かがコウタくんに言わなくてはならないことですし、コウタくんに立派になってもらいたいからこそ、言う必要があります。そこで竹村が説教をしたのです。コウタくんは「その時は本当に自分が医者になるべきか確認するためだと自分に言いきかせていたけど、本当は数学がずっと得意だったはずなのに、入試直前になっても数学ができなくて、勉強したくなくなった」と泣き出しました。

このように、不登校・ひきこもりの子は、自我をコントロールできないために、無意識に合理化した一見正しいように聞こえることを言うこともあります。高度な言い訳です。それを親が否定すると、反発して、親子関係が悪くなってしまいます。こういったときにも本人が信頼している第三者が指摘するべきでしょう。

ゲーム・スマホは目の敵にしなくてよい

次に、よく質問されるゲーム・スマホ依存についてです。

まず、ゲーム、スマホというと目の敵《かたき》にするお父さんお母さんが多いのですが、日常生活に支障をきたさない範囲できちんと付き合えば、特に有害ではありません。私自身はゲームを全くしないので実感はありませんが、若いスタッフや学生インターンが、ひきこもりの生徒との信頼関係を構築するまでの過程においては、ゲームはコミュニケーションツールとして大きな役割を担っています。ひきこもりの生徒が登校してくるようになると、休み時間に一緒にゲームをしてコミュニケーションを深めていきます。特に最近はチームプレーをするゲームが多くなってきているので、一緒にプレーすることで友情を深められます。ですから、ゲームの全てを否定するよりは、より有効に活用するほうに考え方を変えることをお勧めしています。

また、最近はゲーム自体が「eスポーツ」というスポーツの一種として肯定的に捉えられるようになってきています。全国大会や世界大会などもあり、2022年のアジア競技大会では正式種目になることが決まっています。2024年のパリオリンピックでも正式種目化が検討されているところです。

2018年度には毎日新聞社主催の「第1回全国高校eスポーツ選手権」が開催されています。当会でもこれをきっかけに部活としてeスポーツ部が発足し、この大会の出場に向けて、みんなで活動しました。２０１９年度も参加する予定で、活動を続けています。

うちに来る生徒でも、「ゲームが好きだから将来プロゲーマーになりたい」という生徒がときどきいます。こういった生徒にはとことんやらせてみるのも手かもしれません。だいたいの生徒は、スタッフの竹村と対戦してボロボロに負けます。そうすると、プロゲーマーの道はどれだけ難しいのか自分で納得します。そして、「プロゲーマーになるくらいなら、大学に進学したほうがよっぽど楽だ」などと言いだします。上には上がいることを実感したら、自分なりにまた別の道を探し始めます。

ただ、ゲームをやりすぎて昼夜逆転するなど、生活に支障をきたしているのなら、それは制限しないといけません。

私たちは生徒と話し合って、お互いが納得したうえで、かつ実行可能な約束をすることで、ゲーム依存になることを防いでいます。同時に、その子が将来どうしたいのか、一緒に考えていくことが大事です。ゲーム以上に自分が本当にやりたいことを見つけると、自然とやりすぎないようになっていきます。

実行可能な約束を結ぶ

第5章で紹介したカイトくんは、ひきこもってスマホゲームばかりしていましたが、学生インターンのアツヤくんとのやりとりのなかで、約束を決めて、徐々にスマホを預ける時間を長くしていきました。今では、当会に来ている間はスマホを返すという約束になっています。本人も納得しているので、守られています。

また、親と本人がきちんと話し合って、実行可能な約束をすることも有効です。大学受験を目指しているある生徒は、当会に登校した後に、さらに夕方から塾にちゃんと行くなら、帰宅してからスマホゲームをやっていいという約束を両親としています。毎日しっかり勉強しているので、息抜きにゲームをしていますが、大学に合格したいという目標をしっかり持っているので、きちんと約束を守っています。

ほかにも、ユウキくんは第6章でお話しした生活改善合宿へは、スタッフにスマホを預けて参加しています。その間は全くスマホを使わないでも大丈夫なのです。本当にやるべきことがあれば、ゲームをやる暇はそんなにないからです。

また、アルバイトをするなど、別にやるべきことが出てくると、自然とやらなくなっていく場合もあります。アルバイトを始めてからゲームをやる時間が減ったモトヤくんの例をあげます。

【モトヤくんの事例】（現在17歳、通信制高校在学中。前籍の私立の中高一貫進学校で落ちこぼれ、高校退学。ゲームのやりすぎで昼夜逆転生活だったのが改善へ）

モトヤくんは中学受験をして私立の中高一貫進学校へ入学しましたが、中学受験が終わったあとの燃え尽き症候群もあり、中１では勉強をほとんどしていませんでした。中２で主要３教科の英語・数学・国語の全てが赤点になってしまうなど、どんどん成績が悪化。中学は義務教育のためそのまま卒業できましたが、高校に入っても落ちこぼれたままで、学校は特に補習などをしてくれることもありません。すると、次第にゲームにのめりこむようになっていったのです。家に帰って、学校の友達とオンライン上で夜12時ごろまで対戦して、学校の友達が寝た後はネット上の友達と朝５時ごろまでゲームをし続けます。そうなると、もう学校には行けません。徹夜でゲームをしてから学校に行ったこともありましたが、そんな生活が続くわけがありません。学校に行かなくなり、そのまま不登校になって、退学しました。

当会に来た時は、目はうつろで声も小さく、全く覇気が感じられませんでした。入会してからも、しばらくはゲーム漬けの生活は変わりませんでした。朝5時ごろまでゲームをやって、それから寝るので、起きられるわけがありません。そこで、スタッフの竹村と学生インターンのアツヤくんが毎日お迎えに行くことになりました。

数回お迎えに行ったところで、ふたりと仲良くなったモトヤくん。箱根旅行のイベントに参加して、一気にほかの友達とも仲良くなり、イベントには毎回来るようになりました。しかしゲームを続けているので、なかなか一人では登校はできません。アツヤくんがお迎えに行き、夕方登校することが続いていました。

そのころ、モトヤくんは新しいパソコンがほしいというので、パソコンを買うためにアルバイトをしたらどうかと提案しました。そこで、ファミリーレストランでアルバイトを始めたのです。放課後4時くらいから夜9時30分まで週に3〜4回アルバイトをしました。すると疲れるので、帰るとすぐに寝てしまったそうです。ゲームをする余裕すらなくなったというのです。結果、朝も起きられるようになりました。アルバイトをしたおかげで、ゲームをあまりしなくなり、ほぼ毎日通えるようになってきたのです。

登校して友達と楽しく過ごせるようになってくると、今度は友達に会いたいがために、毎日来るようになりました。ゲームは休み時間にやったり、eスポーツ部の活動として、放課後に家に帰ってから、オンライン上で友達と遊んだりしています。もともとゲームが上手なので、とても楽しそうです。部活なので、夜10時までと決めています。

最近では生徒会長になったこともあり、積極的にリーダーシップをとって、みんなを巻き込んでいろいろなことを率先して行っています。ゲームも遊んでいますが、毎日朝9時には登校しています。入会したころの表情とは打って変わって、生き生きした表情で毎日を過ごせています。


このように、ゲームよりもやるべきこと、やりたいことを見つけること、さらに親と子どもがよく話し合って、**お互いが納得したうえで、実現可能な約束をすることが大事**です。親も無理な要求をするのではなく、日常生活に支障をきたさない範囲ならば、ある程度認めてあげることです。禁止すると余計にゲームにしがみついてしまいます。

約束を守れるならやってもいいという、ある程度の寛大な態度がゲーム・スマホ依存からの脱却につながります。

第8章

第三者と信頼関係を築く方法と、長期的なケアの必要性

とことん一緒に遊ぶ

ここまで読んでくると、ひきこもりから脱出していくのも、進路を決めるのも、ゲーム・スマホ依存から脱却するのにも必ず必要になってくるのが、深い信頼関係のある第三者だということがおわかりいただけたと思います。

こうした信頼関係を築くのにはどうしたらよいか。それには、仲のいい先輩後輩のように一緒に遊びつくすことです。これに尽きます。共通の話題が多い若い大人のほうが、打ち解けやすくてお勧めです。私も若いころは、生徒たちをご飯に連れて行ったり、遊びに連れて行ったり、とことん付き合って、信頼関係を築きました。今は私も歳をとったので、若手のスタッフが中心になって生徒たちと信頼関係を築いています。

タツマくんがどんなふうにスタッフの竹村と信頼関係を築いていったか、例をあげます。

【タツマくんの事例】(現在20歳の大学生。中1から中3まで約3年、高1で2カ月と、2度の不登校とひきこもりを経験)

第４章で紹介したように、本気を出したお父さんに無理やり当会に連れられてきたタツマくん。最初に私が面談した時は、髪はボサボサ、だらしない服装で、イヤホンをつけて音楽を聴いたまま部屋に入ってきました。当会の提携する通信制サポート校に所属しながら生活改善をしていくことが決まり、４月からは髪も爪も切って小ぎれいになって登校しました。

そのころの様子を、タツマくんはこう語ります。「頑張って（生徒の）マモルくんに話しかけたけど、スルーされるし、みんな暗いから、家に帰って母親につまらねーって言ってました」。

４月はまだみんなが打ち解ける前で、人数も少なく、静かな状態でした。しかし、その後にマモルくんとは、ライトノベルが好きという共通項が見つかって意気投合し、打ち解けていきます。だんだん教室も賑やかになってきました。

数学は得意で、数Ｉのテストはほぼ満点だったのに対し、英語が大の苦手だったタツマくん。犬を「bog」と書くほどで、ｂとｄの区別さえついていませんでした。そこで、竹村が英語の猛特訓を始めます。クイズ形式で楽しめるように教えたので、だんだん打ち解けていったのです。「彼は負けず嫌いなので、年下には負けたくねえ！　と言って

夢中でやっていました。そうして基礎学力を少しずつつけていきました」（竹村）

こうして打ち解けてくると、竹村とタツマくんはほぼ毎日のように昼食を一緒に食べるようになりました。

「タツマくんはひきこもっていたこともあり、同級生とサイゼリヤ（イタリア料理のファミリーレストラン。廉価なので中高生がよく利用する）に行ったこともなければ、松屋（牛丼チェーン）に行ったこともないと聞いて私は驚きました。そこで、B級グルメやチェーン店のお店に一緒に行きまくるようになりました。普通の高校生が行くゲームセンターやカラオケなどにもタツマくんは行ったことがなかったので、放課後に遊びに連れていくようになりました」（竹村）

タツマくんのLINEの友だちにはお母さんしか登録されていなかったので、お母さん以外で初めて友だち登録したのも竹村だったそうです。ひきこもり時代は、人生ゲームを4人分設定して一人で遊んでいたといい、みんなに爆笑されていました。

「最初のころはタツマくんを誘っても、『えー、面倒だから帰るわ』とか『一人でゲームやりてえし』とか言って断られることもありましたが、休日に文化祭に無理やり連れて行って、そこからは急速に仲良くなっていきました」（竹村）

秋ごろにはすっかりタツマくんは打ち解け、友達のマモルくんと「彼女がほしい」という話で盛り上がっていました。しかし、タツマくんはひきこもり時代が長く、アニメやマンガ、ゲームの世界に入り浸っていたので、女の子とどう話したらよいかもわかりません。そこで竹村が、当時在籍していた男子たちを女子校の文化祭に連れて行ったのです。

その前に、タツマくん改造計画をしました。というのも、メガネもリュックも小学生時代のままで、持っている服はジャージくらいしかなかったからです。竹村と一緒にＧＵ（ユニクロ系列の若者向けの服屋）でジャケットやシャツ、パンツ、スニーカーをコーディネートして全身を一新し、バッグもブランドもののオシャレなものを買いました。また、１０００円カットで散髪していた髪を、竹村に連れられて、初めて美容院でカットしました。こうして、今どきの高校生に変身したのです。

女子校の文化祭を楽しんだ後は、大学の文化祭にも連れて行きました。現役の大学生が生き生きと活動する姿を見せると同時に、建築会社や包装機器メーカーの見学にも連れて行きました。高卒で働く社会人の話を聞き、将来への道を考えるようにしていったのです。大学生と社会人の両方の姿を見て、タツマくんは大学進学を考えるようになりました。

タツマくんと竹村のように密接でお互いが対等な付き合いをして、深い信頼関係を築かないと、ひきこもりは治りません。勉強は最終的には一人でやるものです。一人でできるようになる前に、そういった深い付き合いが必要なのです。

学年の縛りはいらない？

また、友人関係や先輩後輩関係も大事です。当会では**無学年制**をとっていて、同じ教室に中1から高3までが一緒に勉強していますが、これがとてもいいです。同じ学年だと、同じスタートラインに立っているので比較ばかりして、引け目を感じてしまいます。自信がなくなることしかありません。しかし、学年が上の先輩だとそういった比較がなくなります。上の先輩の行動を見て、学ぶことができるのです。身近な先輩が失敗しているのを見ると、「やっぱり英語をやっといたほうがいいから、英語やろう」と自分から勉強し始めます。

無学年制がひきこもりからの回復に大きく役立ったカイトくんの例です。

【カイトくんの事例】（現在中学2年生。中１のゴールデンウィーク明けから不登校、ひきこもりになる。スタッフが夏から訪問を続け、12月には連れ出しに成功、中２の４月から当会へほぼ毎日通うようになり、高校受験に向けて勉強中）

エアガン３丁を持って部屋に立て籠もりひきこもっていた状態から、学生インターンのアツヤくんとの信頼関係ができて、当会に登校し始めたカイトくん。最初は信頼するアツヤくん以外とは口をきいてくれませんでした。しかしある時、アツヤくんたち高校生が、カイトくんの誕生日にケーキを買ってきてくれたのです。みんなでお祝いして、それからは、どんどんみんなと仲良くなってきました。特に同学年の友達より先輩と仲がよくなって、それからはイベントにも欠かさず来るようになりました。先輩たち高３生が受験勉強でヒーヒー言っているのをそばで見て、「オレらみたいにならないように、今から勉強しておいたほうがいいぞ」と言われて実感したのでしょう、勉強し始めたのです。

中１の５月から不登校になったので、英語もＡＢＣから始めました。半年で中１の範囲を終え、現在は中２の範囲を学んでいます。数学・国語・理科・社会も全部一生懸命学んでいて、全日制高校の受験を視野に入れています。

先生やスタッフとの信頼関係、友人関係、先輩後輩関係がしっかりできて、社会貢献もできるようになれば、もうひきこもりから脱出です。人生の目標をしっかりと定めて、自分の道を歩み始めていきます。

またひきこもりに戻らないために

ただ、やはり一度つまずいている子たちですから、そこはていねいにフォローすることが大切です。社会人や大学生になった後も、**長期的なケアが必要**となります。

現在の大学では中退者が増えていて、文部科学省の調査によると、中退が２・６５パーセント、休学が２・３パーセントとなっていて、中退と休学を合わせると、約20人に１人は中退や休学をしています（平成26年９月文部科学省発表「学生の中途退学や休学等の状況について」より）。

実際に、不登校やひきこもりを経験した後に大学へ進学した学生は、また大学に行かなくなってしまうケースがよくあります。通信制高校で毎日通っていなかったため、大学へも毎日通うことができないのです。それを防ぐために、全日型通信制高校で毎日通うことがいかに重要かは前にも述べた通りです。

さらに、偏差値だけで適当な学部選びをしてしまうと、自分の本当にやりたいことではないことに気づき、辞めてしまう場合もあります。一度辞めると、そこからまたひきこもりになってしまう恐れがあります。ですから、本当に自分のやりたいことは何なのか、そのために何を学ぶのか、慎重に大学や学部を選んでほしいのです。不登校・ひきこもりを経験した生徒には、普通の生徒以上に慎重に決めてもらいたいと思っています。

不登校・ひきこもりから復活した後に、またひきこもりに戻らないために、当会では大学生は学生インターンとして活躍してもらい、社会人には社会人ボランティアで活躍してもらっています。こうすることで、長い目でケアをしていくことができるのです。もうつきっきりでケアしなくても大丈夫ですから、定期的に来てもらったり、連絡してときどき来てもらったりするだけでいいのです。

ひきこもりを経験したことがある人は、生きている限り、またひきこもりに戻ってしまうリスクがあるといえます。定年後の老人のひきこもりや閉じこもりが問題になっているように、ひきこもった経験がなくても、やることがなくなり、人の役に立つというやりがいがなくなると、誰でもひきこもってしまうことがあります。ひきこもりを経験したことがある人はなおさら、そうならないように周囲が気遣って、活躍する場を与えることが必要なのです。

先ほど紹介したタツマくんは、浪人の末、一流難関大学に合格して、現在大学1年生になりましたが、お母さんはまた大学を辞めてしまうのではないかと心配しています。こうした不安を払拭するために、タツマくんは学生インターンとなり、当会の生徒に勉強を教えてくれています。親友のような信頼関係がありますので、いつでも電話一本で飛んできてくれます。こうして長期的に付き合うことで、悩みがないか、またひきこもりに戻りそうな兆候がないかなど、早めにキャッチして、対策を練ることができます。

第6章で生活改善合宿を経験して2度目のひきこもりから復帰したユウキくんも、現在は当会の社員として働いてもらいながら、長期的にケアしています。私の家で新人研修をして、『7つの習慣』(スティーブン・R・コヴィー著)を読んでもらい、自分のミッションステートメントを作成させています。より具体的な目標を掲げて、主体的に行動することを学んでもらっています。ユウキくんの場合は当会の社員ですが、就職して社会人になった場合も、社会人ボランティアとして活躍してもらいながら、長期的なケアをしています。

おわりに

これまで述べてきたように、歳の近い第三者（当会では高校生インターンなどの若いスタッフ）が不登校やひきこもりの子どもと親の間に入って信頼関係を築きながら、私どもの教育ミッションをベースにした、

①規則正しい生活をする
②自律して自信をつける
③社会貢献をする

という3つのステップを、順番を守って、時間をかけてていねいに踏んでいけば、不登校

やひきこもりの子は9割以上の確率で治ります。

私の今までの経験では、これさえ本当にきちんとやれば、みんな治っています。

ただ、それが徹底できなかったために救えなかった例も、残念ながらあります。

彼は、中1から中3まで普通に学習塾に通って、進学校に入学します。しかし、高1の途中から不登校になり、当会へやってきました。相談して高卒認定を取ることにし、合格後は海外留学を勧めて、留学先から元気でやっていると便りを受けて、安心していました。

しかし、1、2年経ったころに親から相談がありました。

海外留学して最初はよかったのですが、途中から学校に通わなくなったため、帰国しました。その後は自宅で「死にたい」と自傷行為をすることがあったので、精神科に入院したところ、入院中に看護師を刺し殺してしまったというのです。

記録によると、かなりの量の向精神薬を処方されていました。心身ともに衰弱状態だったにもかかわらず、病院の管理も徹底されていなかったため、本人が雑貨店でナイフを購入して犯行に及んだのでした。裁判になっているので、証人を頼みたいという連絡でした。

親が医療機関を過信したこと、私が海外留学はうまくいっていると思い、長期的フォローをしていなかったことで、起きてしまった悲劇でした。犯行後の相談であったので、何もできなかったことが無念でした。

以前は、うつ病や統合失調症といった診断に一定の信用を置いていましたが、この件が起こってからは、精神科を過信することはよくないのではないかという思いに変わりました。

私は医師の内海聡さんとともに「子どもの声を聞こう！　不登校は精神疾患ではない！」という講演会を行い、大きな反響を呼びました。私は医師ではないので、医学的見地からの発言ではありませんが、向精神薬投与を疑問視している医師がいることも確かです。医療機関にかかるのは悪いことではありませんが、過信してしまうのは問題なのではないかと思っています。

また、海外留学が続かなかった理由のひとつに、通信制高校のサポート校に毎日通うのではなく、高卒認定だったので、毎日通う訓練ができていなかったことがあげられると思っています。

もうひとつ救えなかった件があります。

その生徒は父子家庭で育ち、小2から不登校になり、10年間ひきこもっていました。18歳の時に当会に来て、通信制高校に入学、サポート校である当会に通っていました。4月から10月までは毎日登校できていましたが、11月から休みが多くなり、12月、冬休みと過ぎていきました。その間、スタッフとお父さんが頻繁に電話で連絡し合って、フォローしていました。生徒とお父さんの間でコミュニケーションはとれていて、生活習慣もそれほど乱れていませんでした。ただ、足が向かないだけだということでした。10年間自宅だけで生活していたので、疲れがでたのではないかと、お父さんとスタッフの間で話し合い、様子を見て、冬休み明けに登校できなければ、何らかの対応を取る予定でした。

しかし、その生徒は新学期前日に、お父さんを殺害してしまったのです。報道によると、「明日から新学期だな、頑張れよ」と声をかけたお父さんを、後ろから包丁で刺したということでした。ネットには犯行予告が出ていました。そこには、小さいころから父親を恨み、父親の生を奪うことで天国に行ける、といったことが書かれていました。

その後、刑事や弁護士からも連絡がありました。真相を知りたかったのですが、少年刑務所で1~2カ月後に死亡したということでした。自殺ではなかったと聞きましたが、真相はわからず、いまだに判然としていません。

通学できなくなった11月に自宅訪問をして、様子を見るべきでした。また、電話だけでなくお父さんともその間に面談するべきでした。

この件が起こってからは、ますます、不登校やひきこもりを放っておいてはいけない、一刻も早い対応が必要だと確信するようになりました。場合によっては緊急の対応が必要なのです。

冒頭にあげた川崎の事件、元事務次官の事件も、もっと早いうちから何らかの対策をとっていれば、防げた可能性はあったと思っています。

30年以上にわたって不登校やひきこもりの子どもたちと関わってきて、たくさんの生徒が自律していく半面、こうした悲しい結果になってしまったこともあります。だからこそ、**時期が過ぎると手遅れになってしまう**のを実感しているのです。**今すぐ、行動を起こすことが大事**なのです。

それができるのは、この本を読んでいるお父さんお母さん、あなたです。あなたが本気を出して子どもと向き合い、当会の教育ミッションである3つのステップを、私が今まで述べてきた方法で実行すれば、立ち直る可能性があるのです。

そしてこのノウハウを、全国にある不登校やひきこもりの相談にあたる機関や大人たちにも知ってもらいたいと思っています。

日本の子どもたちが一人もひきこもらない社会になることを、私は心から願っています。

最後に、こうしたノウハウが生まれたこれまでの私の経緯を知っていただければと思います。

全ては、私自身が小学生のころに不登校だったことに始まっています。当時は、保健室登校はおろか、登校拒否、不登校という言葉もありませんでした。私は毎日のように保健室にいたのですが、虚弱児と判断されて、千葉県にある全寮制の養護学校に転校させられました。都会育ちで貧弱だった私は、田舎の空気のいい場所で、早寝早起きの生活をさせられて、すっかり元気になりました。それで不登校が治ったのです。

当時は一般的に1クラス約50人で授業が行われていましたが、その養護学校では1クラス20人でした。今でいえば個別指導のような授業ができたのです。先生は「わからないところがあったら持って来なさい」と言って、それぞれの児童が自分のわからないところまでさかのぼって勉強をします。ドリルみたいな問題集をやりました。国語と算数です。その時私は小学校4年生でしたが、保健室にずっといたので勉強はわからなくなっていました。そこで、小学校2年とか3年ぐらいのところからやり直したのです。すると先生が「杉浦君、ちゃんとできているよ、杉浦君ってできるんだよ」とほめてくれました。それで自信がついたのです。

当時は長い棒や竹刀を持った先生が、教室のなかを威嚇《いかく》しながら歩きまわって、緊張を強いられるような授業が行われていました。楽しいという雰囲気は全くない授業です。それが、その養護学校ではそれぞれの児童に合わせて勉強を一からていねいに教えてくれるのです。それが私にとって大きなプラスになりました。私だけでなく、どの子もみんな明るくなっていったのです。養護学校に入ったばかりの5月のころは、親元を離れて泣いていた子もいたし、ご飯を食べたくないと食事を拒否している子もいました。しかし、それぞれ勉強ができるようになってきたという自信がつくと、明るくなっていくのです。

学力的な成長だけでなく心の成長にも、個別指導がいかに力を発揮するか、身をもって学んだのです。

中学高校を経て米国の大学を卒業した後は、自分のような不登校の生徒に勉強を教える塾を始めました。

アメリカ帰りということで、最初は英語を中心に教える家庭教師をしていました。比較的学力の高い子ばかりを教えていたのですが、ある時、中卒浪人生を教えることになったのです。いわゆるツッパリくんで、髪形をリーゼントにしているような生徒でした。そんな生徒を教えたこともなかったので、どうすればいいのか悩みましたが、養護学校で学んだ、規則正しい生活をすること、できないところまでさかのぼって学ぶこと、このふたつができればなんとかなるんじゃないかと考えたのです。

当時は、団塊ジュニア世代が高校受験をする年齢だったので、倍率も高い時代でした。そこで、学力が足りないけれどどうしても高校に行きたい生徒は、単願推薦を利用して受験するように言われたものでした。でも、そのツッパリくんは担任の先生とそりも合わず、単願も拒否してしまったのです。普通の子の一般的な人生と違ってしまい、道を外れてしまって、誰も面倒をみてくれない、そんな彼がかわいそうに思えてきたのです。不登校だったころの自分が重なって見え、彼の気持ちがわかるような気がしました。

そこで、そのツッパリくんの面倒をとことんみたのです。勉強のやり方から生き方まで、ありとあらゆることを教えました。そして1年遅れて、彼は高校に合格しました。

その後、彼の家族がそれまでの経緯を産経新聞の投書欄に投書したのです。「中卒浪人、春をゆく」という見出しがついていました。するとすぐにNHKが取材に来ました。記事を読んだ人やNHKの報道を観た人がどんどん集まってきて、東京・神奈川・千葉・埼玉はもちろん、栃木や茨城からも生徒がやってきました。いつのまにか中卒浪人を救う先生みたいになっていました。今のように通信制高校のサポート校はなかった時代です。大検もあまり知られていない時代でしたが、この先生と1年勉強すれば、再受験で高校に合格させてくれると思われるようになっていったのでした。

遠方から通う生徒もいたので、朝10時から午後3時くらいまでを授業の時間として、それぞれの生徒に個別指導をしましたが、夕方5時6時までは平気で残ってやっていました。その後はラーメンを一緒に食べに行ったり、遊んだり、個人的にとことん付き合いました。今の当会の若いスタッフがやっていることと同じで、この時にこのスタイルが確立したのです。深く関わっていると、先生と生徒という垣根がなくなり、本当に生徒がかわいくなって、友達のようになるのです。これが今のひきこもりを立ち直らせるノウハウにつながっています。

私が23、24歳くらいの時、1988年くらいからそういった塾を始めたのですが、生徒は次から次へとやってきました。二次募集でも落ちて中卒浪人になった生徒や、高校を中退した生徒です。昼間生徒をみてくれる塾はほとんどなかったので、年間のべ100人くらいの面倒をみました。始めた当時は不良っぽい生徒も多かったのですが、1991年ごろには8割くらいを中高一貫校の中退者が占めるようになりました。

さらに加速度的に生徒が増えたのは、1991年に都立新宿山吹高校が開校されたことがきっかけでした。無学年制で単位制の高校は、全国でも初の試みでした。通っていた高校で留年が決定しても、そこへ受かれば高校を卒業できると注目されて、入試の倍率は20倍から30倍にもなりました。願書提出の時には長蛇の列になり、NHKのヘリコプターが飛んで取材していたほどです。すると、私の生徒がたまたま2人合格したのです。特に対策をしたわけではないのですが、彼らはやはり中高一貫の進学校を中退してきた、地頭のよい生徒だったのです。当時の新宿山吹高校の入学試験は内申書の点数配分が極端に少なく、筆記試験の配分が高かったことも影響しました（現在では内申書の配分が増えています）。

するとその年から、新宿山吹高校を目指す生徒がたくさん集まり始めました。特に入試の過去問を持っているのは、私の塾だけだったので、直前の講習には100人くらいが受講してきましたし、実際に受験した生徒の90パーセントが合格していました。今のように面接点が何点かなど、入試の詳細は公表されていませんでしたが、うちでは合格者を出していたので、そのノウハウがあったのです。

例えば、超有名な大学附属校を中退した頭の良い生徒でも落ちたりするので、分析してみたら、面接で自己PRができていなかったり、集団討論で挙手していなかったりなど、コミュニケーション能力が低い点が不合格の原因だとわかったのです。新宿山吹高校の方針は、私が養護学校で学んだことから得た独自の教育方針とも合致していたわけです。勉強だけできればいいのではなく、きちんと規則正しい生活をして、みんなと学園生活を送れるコミュニケーション能力を醸成する、それを新宿山吹高校でも大切にしていたのです。

ですから、そのころからスキーやキャンプなどに行くことを、生徒に勧めるようになったのです。それが現在でも当会の方針として続いています。当時、親からは「それは入試に関係あるのですか」と言われたりもしました。私は親によく説得したものです、「新宿山吹の入試は6人くらいのグループで集団討論をします。挙手して意見を述べることも求められます。それが息子さんはできますか。課外活動をして、コミュニケーション能力を高めなければならないんです」と。すると、それが功を奏して生徒たちは合格していきました。２０１

5年から養老乃瀧の店舗で生徒をアルバイトさせてもらうようになったのも、コミュニケーション能力を高めるための一環でした。

こうして、都立新宿山吹高校を目指す生徒が多く集まるようになりました。多くの生徒は、中高一貫の進学校で成績不振で留年や中退になってしまったり、不登校になって出席日数が足りずに留年や中退になってしまったりした子たちでした。

ただ、新宿山吹高校を目指しても、倍率が高かったので、全員が合格するわけではありません。不合格になってしまった生徒の進学先を考えていた時に、たまたま紹介されたのが、通信制のウィッツ青山学園高等学校でした。

同校は2005年に、当時の小泉純一郎内閣が進める構造改革において、教育特区の認可を受けて設立された学校でした。本校は三重県伊賀市にあり、関東からも生徒を集めるため、通信制高校のサポート校として、加盟してくれないかと話があったのです。私のやり方を説明し、新宿山吹高校の補欠募集の受験を目指すように生徒に指導していると伝えたところ、好きなようにやっていいと言われたので、新宿山吹高校が不合格になった生徒のための受け皿として、2006年から提携することにしたのです。

当時の当会は学力会という名称でしたが、同時にウィッツ青山学園高等学校東京キャンパスと看板も立てていました。

しかし、次第にウィッツに対しての不信感が出てきました。2014年には寮の生徒が死亡する事件が起き、2015年には高校教師が教員免許失効のまま授業をしていたことが発覚、高校の就学支援金を不正受給している疑惑が出てきました。

2015年の秋には、ウィッツの他のサポート校の先生たちが本部へ視察に行きましたが、やはり管理体制が何もできていないと報告を受けました。教育には人手も手間もかかるのが当たり前で、寮ならなおさらです。そこで、その年度いっぱいで契約を終了して、別の通信制高校に提携先を変えようと思っていたわけです。生徒には転校の手続きをしてもらうつもりでいました。

しかし、その数カ月後の2015年12月8日に就学支援金詐欺が発覚すると、マスコミが私のところへ押し寄せました。「東京キャンパス」と銘打ってありますから、当会が関与していると考えたのでしょう。東京・板橋にあった私の教室の周りが報道車両で囲まれ、外観を映されて、生徒まで追いかけられました。私も囲み取材を受けましたが、結果的には私は無関係だったことがわかったのか、放映されていませんでした。

実際に不正受給の舞台になったのは、東京・四谷にあるキャンパスでした。年収350万円未満の家庭の生徒を紹介してもらい、就学支援金（年収250万～350万円未満で23万7600円）を学校が申請して受け取り、生徒には授業料23万7600円を全く払わずに高校卒業資格が取れることを売りにして、入学者を集めていたのです。高校中退した生徒や中卒の若い人たちだけでなく、年配の人にまで勉強しなくても年2回のスクーリングだけで高校卒業の資格が取れると吹き込んでいたケースもあったようでした。結局、四谷キャンパスの実質的な経営者が逮捕され、この詐欺事件を主導したとして有罪判決を受け、ウィッツ青山学園高等学校は2017年3月末に閉校しました。（※参考資料参照）

それでも、当時は事態が明らかになっていませんでしたから、保護者から電話が殺到して、緊急保護者会も毎週開きました。「どうなっているんだ」と怒号が飛び交い、説明に追われました。本部へ連絡しても電話も通じず、本部がどうなるかわからないから、卒業できるのかどうかもわからない、それでどんどん生徒が辞めてしまいました。45人いた生徒がたった5人になり、社員も辞めていきました。

その時残ってくれたのが、当時学生インターンだった大倉や竹村で、今のスタッフです。

そして、私を信じてついてきてくれたのが、これまでに紹介したタツマくんら5人の生徒と、その保護者の方たちでした。「私たちは先生を信じるから」と言って、ついてきてくれました。本当に感謝しかありません。

また、今後どう立て直そうかと悩んでいた時に力になってくれたのが、友人である弁護士の太田茂さんです。彼は、事件が発覚してこのままではどうにも教室を運営できないというのをわかって、先手を打ってくれていたのです。彼にある忘年会に呼ばれたのですが、そこには、LEC東京リーガルマインドの代表取締役社長の反町雄彦《そりまちかつひこ》さん、法人事業本部専務執行役員の原田陽介さんがいました。2人とも私の著書『高校中退』を読んでくれていて、「事件のことは知っています。でも、あなたは悪くないんでしょう」と聞かれました。「私は悪くないんです」と説明すると、信用してくれて、「新宿に昼間空いているスペースがありますから、お貸しします」と、LECの校舎を無償で貸してくれることになったのです。それが新宿エルタワーの18階でした。年が明けて2016年の2月にエルタワー校を見に行きました。大倉と竹村も、「エルタワーがあれば、なんとか盛り返せますよ、やっていきましょう」と言ってくれたのです。弁護士の太田さんには当会の副理事長に就任してもらいました。こうして、再スタートの準備が整ったのです。

2016年4月から1年間は別の通信制高校とサポート校の提携をし、その後、2017年からはまた別の2つの通信制高校とサポート校の提携をしました。現在はその2つの通信制高校と提携を続けていますが、ウィッツの事件がありましたから、サポート校としてひとつの学校とだけ提携することはやめました。あくまでも私たちはサポート校なので、生徒と保護者に学校を選択してもらっています。もちろん、通信制高校だけでなく、新宿山吹高校の受験や高卒認定試験の受験など、その生徒に合った進路を勧めているのが、ほかにはない特色でしょう。普通なら受験を勧めて生徒が合格すると、サポート校の生徒がいなくなってしまうので、儲からないわけですから、やらないでしょう。でも、私たちは、生徒の思い、生徒の将来を第一に考えて進路を勧めます。

2016年には5人の生徒だけで再出発しましたが、生徒も増えてきました。相談件数も、2018年には年間のべ450件に達しています。

今後は認定NPO法人を取得し、寄付も募っていく予定です。子どもの人口は減っていますが、不登校、ひきこもりやその予備軍はいっこうに減る気配がありませんから、ますます当会のような機関が重要になってきます。悩んでいる子どもや保護者が多いのですから、より気軽に相談できるように、寄付金を相談費用にあてて、相談料を無料にしたり支援料を軽減するなどの方針を立てています。安心して相談できるように、組織も人材もしっかり育てていきたいと思っています。

２０１８年の2月、私は胸腺腫という10万人に約０・５人の珍しいがんに侵されていることがわかり、手術も受けました。幸い手術は成功して、10年生存率も95パーセントとも言われ、ひとまず安心しましたが、この時、人生を振り返って、やり残したことは何だろうかと考えました。それが、私のノウハウを書籍に残して、多くの人に不登校・ひきこもりの子を立ち直らせるには、こんなやり方があると知ってもらうこと、そして通信制高校のサポート校の授業料の無償化を実現させることでした。どちらも、世の中にたくさんいる不登校やひきこもりの子が、人生をやり直すのに必要なことだからです。授業料無償化は、「はじめに」の章で出てきたユウキくんが実現に向けて活動してくれていますが、引き続きともに頑張っていきたいと思っています。

本書はこうした紆余曲折を経て、誕生しました。ここに書き綴ったノウハウは、30年以上にわたり、のべ数千件の相談を受けて指導してきたなかで生み出したものです。私だけの力ではなく、たくさんのスタッフ、インターンスタッフのみんなの力があったからこそできたことでした。

最後に、全てのスタッフと生徒たち、そして保護者のみなさま、無償で教室を提供していただいている、ＬＥＣ東京リーガルマインド様、養老乃瀧様はじめ、当会を応援して下さっている方々に、この場を借りて感謝します。

２０１９年春

ＮＰＯ法人　高卒支援会理事長　杉浦孝宣

ご相談はこちらまで

※参考資料

朝日新聞２０１５年12月24日「50人受講実態なし　就学支援金不正　通信制秋に生徒倍増」
朝日新聞２０１５年12月31日「就学支援金頼み　新校計画　定員増認められず方針転換」
朝日新聞２０１６年９月14日夕刊「ウィッツ元監査役逮捕　就学支援金詐欺の疑い」
朝日新聞２０１７年３月10日夕刊「ウィッツ元監査役有罪　就学支援金詐欺『犯行主導』」

編集協力／小山美香
図版作成／デザイン・プレイス・デマンド

杉浦孝宣（すぎうらたかのぶ）

1960年生まれ。カリフォルニア州立大学ロングビーチ校卒。'85年に中卒浪人生のための学習塾・学力会を設立。以来30年以上、不登校、高校中退、ひきこもりの支援活動を行っている。2010年よりNPO法人高卒支援会を立ち上げ、現在も活動中。著書に『高校中退　不登校でも引きこもりでもやり直せる！』（宝島新書）などがある。

不登校《ふとうこう》・ひきこもりの9割《わり》は治《なお》せる　1万人《まんにん》を立《た》ち直《なお》らせてきた3つのステップ

2019年7月30日初版1刷発行
2021年10月25日　　3刷発行

著　者 ― 杉浦孝宣
発行者 ― 田邉浩司
装　幀 ― アラン・チャン
印刷所 ― 堀内印刷
製本所 ― ナショナル製本
発行所 ― 株式会社光文社
東京都文京区音羽1-16-6（〒112-8011）
https://www.kobunsha.com/
電　話 ― 編集部03（5395）8289　書籍販売部03（5395）8116
業務部03（5395）8125
メール ― sinsyo@kobunsha.com

 ISBN 978-4-334-04424-4

1004
「食べること」の進化史
培養肉・昆虫食・３Ｄフードプリンタ
石川伸一

人類と食の密接なつながりを科学、技術、社会、宗教などの視座から多面的に描く。サルと分かれてヒトが誕生してから「ＳＦ食」が実現する未来までの、壮大な物語。

978-4-334-04411-4

1005
人生１００年、長すぎるけどどうせなら健康に生きたい。
病気にならない１００の方法
藤田紘一郎

「後期高齢者」で「検査嫌い」の名物医師が、医者や薬に頼らずに免疫力を上げる食事と生活習慣を徹底指南。人生１００年、死なないのならば生きるしかない、そんな時代の処方箋。

978-4-334-04412-1

1006
ビジネス・フレームワークの落とし穴
山田英夫

ＳＷＯＴ分析から戦略は出ない?!／作り手の意志満載のＰＰＭ。／ＮＰＶは、なぜ少しだけプラスになるのか?――意思決定が歪む「危うさ」を理解し、フレームワークを正しく使う。

978-4-334-04413-8

1007
「糖質過剰」症候群
あらゆる病に共通する原因
清水泰行

緑内障、アルツハイマー、関節症、がん、皮膚炎、不妊、狭心症…全身を着々と蝕む糖質の恐怖。七千を超える論文を参照しつつ、現代に増え続ける様々な疾患と、糖質過剰摂取との関係を説く。

978-4-334-04414-5

1008
クジラ博士のフィールド戦記
加藤秀弘

シロナガスクジラの回復にはミンククジラを間引け?!――長年、ＩＷＣ科学委員会に携わってきた著者による鯨類研究の最前線。科学者の視点でＩＷＣ脱退問題も解説。

978-4-334-04402-2

光文社新書

1014
「ことば」の平成論
天皇、広告、ITをめぐる私社会学
鈴木洋仁

天皇陛下のおことば、ITと広告をめぐる言説、野球とサッカーが辿った道……。「平成」の形を、同時代に語られた「ことば」を基に探る極私的平成論。本郷和人氏推薦。

978-4-334-04420-6

1015
「家族の幸せ」の経済学
データ分析でわかった結婚、出産、子育ての真実
山口慎太郎

母乳育児や3歳児神話……。出産や子育てにおいて幅をきかせるエビデンス（科学的根拠）を一切無視した「思い込み」を、気鋭の学者が最先端の経済学の手法で徹底的に論破する。

978-4-334-04422-0

1016
不登校・ひきこもりの9割は治せる
1万人を立ち直らせてきた3つのステップ
杉浦孝宣

「8050問題」につながる若者の不登校・ひきこもりという社会課題に30年以上向き合ってきた教育者が語る、親子で生活を立ち直らせるための3ステップ。

978-4-334-04424-4

1017
教養としてのロック名盤ベスト100
川﨑大助

現代人の基礎教養とも言えるロック名盤100枚を、これまでにない切り口で紹介・解説。著者の主観・忖度抜き、科学的な手法で得られた驚愕のランキングの1位は？

978-4-334-04425-1

1018
発掘！ 歴史に埋もれたテレビCM
見たことのない昭和30年代
高野光平

こんなモノがあったのか！ ナゾだらけの草創期テレビCMの実態とは？ 「名作」とはひと味ちがう、無名の発掘物でたどる「もうひとつのテレビCM史」。CM史研究の第一人者が解き明かす。

978-4-334-04426-8